连接更多书与书,书与人,人与人。

建筑行业企业数字化转型

理念·案例·实务

张军波 著

上海大学出版社

图书在版编目（CIP）数据

建筑行业企业数字化转型：理念·案例·实务 / 张军波著. —上海：上海大学出版社，2023.12
  ISBN 978-7-5671-4932-8

Ⅰ.①建… Ⅱ.①张… Ⅲ.①建筑企业－数字化－研究－中国 Ⅳ.①F426.9

中国国家版本馆CIP数据核字（2023）第245520号

责任编辑　司淑娴
特约编辑　何王良
封面设计　智　画·王桂花
技术编辑　金　鑫　钱宇坤

建筑行业企业数字化转型
张军波　著
上海大学出版社出版发行
（上海市上大路99号　邮政编码200444）
（http://www.shupress.cn　发行热线021-66135112）
出版人：戴骏豪

★

江苏凤凰数码印务有限公司印刷　各地新华书店经销
开本710mm×1000mm　1/16　印张16　字数220 000
2023年12月第1版　2023年12月第1次印刷
ISBN 978-7-5671-4932-8/F·239　定价：88.00元

版权所有　侵权必究
如发现本书有印装质量问题请与印刷厂质量科联系
联系电话：025-57718474

序言

笔者从事建筑业的信息化、数字化建设已十年有余。这期间，大数据、云计算、人工智能、物联网、区块链等新一代信息技术蓬勃发展，与建筑业的结合也在不断深入，推动着建筑产业朝着数字化、网络化和智能化的方向变革。

当下，建筑业具备了过去难以想象的良好发展基础和条件，但也面临着前所未有的困难和挑战，如工程的质量安全、生态环境、企业效益等问题。建筑业处于转型升级的历史起点，迫切需要实现高质量发展，不仅需要改变发展方式，从粗放式的规模效应转向精细化的管理效能，还需要转变发展动力，从主要依靠资源和低成本劳动力等要素投入，转向依靠以新生产要素为主的创新驱动、数字驱动，从而不断提升核心竞争力。

在此过程中，我们也欣喜地看到，在"数字中国"的宏观环境下，在国家和行业的整体规划下，建筑业的数字化转型受到了产、学、研各界的广泛关注，国内外一批致力于理论研究和技术应用的学者、专家和同行，坚持问题导向，面向行业需求本身，做了大量的探索，也取得了很多成效。但从全行业的范围来看，建筑业的数字化水平仍然处于较低的阶段。麦肯锡发布的调查报告显示，在涉及数字化的22个行业中，建筑领域的数字化水平仅仅高于农牧业，排在全球国民经济行业分类的倒数第二位。这主要是由于建筑业带有显著的个性化特征，数字化推动难度较大，但同时也预示着建筑业本身的数字化进程有着广阔的前景和发展空间。

本书是笔者十余年来在国家宏观环境对数字化需求不断提升的背景下，观察并亲身参与建筑业数字化转型的一些积累和思考，这其中有关于对行业数字化发展的一些整理、对建筑业数字化转型三方面（管理数字化、业务数字化和数字化业务）的思考和推动行业数字化建设的一些实例。

十余年来能有幸一直在建筑业数字化大潮中不断探索，要感谢公司给予这样的机会，感谢一起共事的前辈、领导和同事的支持与帮助。本书引用了公开发表的国内外相关研究、应用成果以及具体的项目案例，在此也表示衷心的感谢。在本书的撰写过程中得到了编辑的大力支持，在此表示感谢。最后要特别感谢我的家人对于我的包容和支持，让我能一路奋斗，一路前行。

建筑业数字化转型方兴未艾，由于笔者认识局限，难免存在偏差，也恳请大家多批评指正。

目录 / Contents

第 1 章　中国数字化转型发展战略　　1

1.1　从社会发展史看数字时代的战略选择　　3
　　1.1.1　农业社会的基本特征　　3
　　1.1.2　从农业社会到工业社会　　4
　　1.1.3　从工业革命到信息革命　　4
　　1.1.4　数字时代的战略选择　　7

1.2　数字化发展的重要组成部分：数字经济、数字社会、数字政府　　10
　　1.2.1　数字经济　　10
　　1.2.2　数字社会　　12
　　1.2.3　数字政府　　15

1.3　数字化转型正成为产业发展原动力　　18
　　1.3.1　从"选择题"到"必修课"　　18
　　1.3.2　智驱未来：数字化推动产业升级重构　　22
　　1.3.3　数字化助力产业降本增效　　26

第 2 章　国内建筑业数字化应用的发展历程　　29

2.1　国内建筑业现状　　31
　　2.1.1　国内建筑业的两大类市场主体　　31
　　2.1.2　建筑业的三大特点　　35
　　2.1.3　建筑业的标准化管理历程　　37

2.2　国内建筑业数字化应用的发展历程　　42
　　2.2.1　建筑信息模型阶段（2000–2020 年）　　42
　　2.2.2　建筑全面数字化阶段（2020 年后）　　42

2.3　建筑企业数字化战略的蓝图　　44
　　2.3.1　系统性数字化赋能业务是目标　　45
　　2.3.2　打通企业四大层级　　47
　　2.3.3　连通所有利益参与方的全面数字化　　53
　　2.3.4　三大平台　　55

2.4　建筑企业数字化转型的三个基本方向　　58
　　2.4.1　企业管理数字化　　58
　　2.4.2　项目建造智能化　　59
　　2.4.3　产业生态互联网化　　63

2.5　建筑企业数字化转型的三个"再造"　　66
　　2.5.1　商业模式再造　　66
　　2.5.2　组织模式再造　　69
　　2.5.3　IT 架构再造　　74

第3章　建筑业数字化落地路径　　79

3.1　建筑业业务数字化之单点技术运用　　81
    3.1.1　投资决策阶段　　81
    3.1.2　设计规划阶段　　84
    3.1.3　建筑施工阶段　　89
    3.1.4　运维管理阶段　　93

3.2　建筑业业务数字化之协同技术应用（BIM+CIM）　　98
    3.2.1　BIM 技术　　98
    3.2.2　BIM 协同效应　　104
    3.2.3　CIM 平台　　107

3.3　建筑业企业经营管理数字化　　110
    3.3.1　数字化经营管理功能模块　　110
    3.3.2　数字化经营管理云平台　　113

3.4　数据采集，互联互通　　116
    3.4.1　数据采集与应用面临的痛点　　116
    3.4.2　数据互联：实现四大互联　　119

3.5　人才变革　　121
    3.5.1　建筑业人才现状及问题　　121
    3.5.2　数字化对建筑业人才的新要求　　122
    3.5.3　建筑业数字化人才转型培养路径　　124

3.6 客户赋能 128
3.6.1 赋能供应链 128
3.6.2 赋能客户，提升感知价值 132

3.7 绿色化和数字化 134
3.7.1 绿色化是建筑业的发展方向 134
3.7.2 数字化和绿色化深度融合 137

第4章 建筑业数字化转型案例：方法与实践 139

4.1 案例一：智慧化风场 141
4.1.1 项目背景 141
4.1.2 施工期通信网络系统建设方案 142
4.1.3 数字孪生风场方案 144
4.1.4 智慧化系统方案 151

4.2 案例二：某抽水蓄能电站智慧工地 162
4.2.1 项目背景 162
4.2.2 智慧工地物联设备规划方案 163
4.2.3 智慧工地部署实施方案 183

4.3 案例三：某街道未来社区 189
4.3.1 项目背景 189
4.3.2 项目总体设计 191
4.3.3 项目设计框架 193
4.3.4 系统方案 199

4.3.5 未来社区九大数字化应用场景　　208

第5章　建筑业数字化转型的未来与挑战　　219

5.1 数字化时代的内涵与未来　　221
　　5.1.1 数字化时代的内涵　　221
　　5.1.2 数字化时代的人类巨变　　223

5.2 建筑业数字化转型的挑战与展望　　226
　　5.2.1 建筑业数字化转型的三大挑战　　226
　　5.2.2 建筑业数字化转型的展望　　234

参考文献　　239

第 1 章

中国数字化转型发展战略

人类社会经历了农业时代、工业时代、信息时代、数字时代的发展历程，每一次时代跃迁，都是生产力和社会生产效率的巨大提升。伴随着这种提升的，是信息传播方式的演变和技术的进步。

1.1　从社会发展史看数字时代的战略选择

人类经历了漫长的农业时代，从上古时期到第一次工业革命之前的这段时间，都可以称之为农业时代，其中又包含原始狩猎阶段和农耕阶段。

1.1.1　农业社会的基本特征

关于漫长的农业时代，可以总结出以下三个基本特征：

（1）从信息的传播方式来看，信息载体经历了"结绳记事—竹简—布帛—纸张"的演变过程。整个农业社会时期，信息以点对点的传播为主。

（2）从人们的生活方式来看，农业时代人们的生活方式以"自给自足"为主。"靠山吃山，靠水吃水"是农业社会的常态，地区之间经济交流很少，大部分人口分布在农村，其居住方式呈现出高度分散化的特征。

（3）从社会生产和经济层面来看，农业时代的政府普遍采取"重农抑商"政策。这个时期，无论是商品流通的速度，还是文化和信息交流的速度，都非常缓慢，科技发展的速度也很缓慢。

在漫长的农业社会，信息传播受到层层阻碍，掌握知识的只是一小部分人，这导致科技进步也极为缓慢，社会生产力低下，商品流通不便，整个社会的运行效率都比较低。

1.1.2　从农业社会到工业社会

从农业社会进入工业社会，最大的标志就是机器代替了人力。

首先是两次工业革命。

第一次工业革命，始于18世纪60年代的英国，其标志为蒸汽机的发明。蒸汽机的发明让机器代替了人力，社会生产效率呈现出几十倍、几百倍的增长，直接带来世界格局的变化：传统农业强国中国没有抓住工业革命的机会，逐渐掉队；英法等国后来居上，大力扩张海外殖民地，也因此有了中国近代的百年苦难。

第二次工业革命，19世纪中期由德国开始，德国科学家西门子制成了发电机，标志着第二次工业革命的开始。电力的广泛应用使人类进入了电气时代，又一次带来了生产力的巨大提升。此时英法等国因为不舍得更换和研发新机器（因为对于资本家来说，海外殖民的利润和收益更高），在第二次工业革命时期逐渐掉队。与此同时，美国、日本、德国等国没有经历第一次工业革命，它们直接应用了第二次工业革命的成果，后来居上。帝国主义国家之间的争霸发展要求重新分配利益，直接导致第一次世界大战的爆发。

由此可知，从农业社会到工业社会，信息传播方式的变化和技术的进步带来了社会生产力的巨大提升，进而带来的是整个世界格局的改变。不同国家应对科技的不同战略和反应，甚至直接决定了一个国家的兴衰。

1.1.3　从工业革命到信息革命

相比于农业时代，工业时代的社会特征发生了显著的变化，呈现出三大特征。

1. 工业社会的特征

从信息的传播方式来看，报纸等媒体的出现让信息从点对点传播转变为点对面传播，信息传播效率大大提升。电力发明之后，出现了电报、电话等通信方式，信息可以实现即时传播。

从人们的生活方式来看，伴随着工业革命而来的是城市化，越来越多的农民失去土地，成为雇佣工人，来到城市生活。城市人口超过农村人口，人群的聚集居住大大提升了信息传播和商品流通的速度。

从社会生产和经济层面来看，机器的发明大大提升了生产效率，大量人口从土地中被解放出来，从而带来了社会经济结构的变化，开始出现三大产业：第一产业（农业）、第二产业（工业）、第三产业（服务业），并且，第二产业和第三产业在社会经济结构中的比重逐渐超过了第一产业。

在工业时代，生产力水平的大幅提升带来了物品的极大丰富，这就迫切要求提升社会经济运转效率，特别是商品流通的效率。商业和服务业越来越受重视，人们甚至直接用第三产业的发达程度来衡量一个国家的发展程度。

2. 信息革命及其历程

工业革命之后就是信息革命。信息革命又被称为电子计算机革命，是指由于微电子技术和电子计算机的迅猛发展而引起的社会变革，以微电子技术的发展及普遍应用为标志。学者普遍认为，信息革命始于第二次世界大战之后，一直延续到现在。信息革命的特点是以信息技术为主的一系列技术密集型产业超过了传统的劳动密集型产业和资本密集型产业，使社会经济结构产生了新的变化，信息革命促使人类社会从工业社会过渡到信息社会。

信息革命从第二次世界大战后一直持续到现在，经历了以下三个阶段：

第一阶段：计算机问世和"信息高速公路"。第二次世界大战后，半导体、集成电路、计算机的发明，形成了新兴的电子信息技术，使人类利用信息的手段发生了质的飞跃。

1958年，美国将信息传输和计算机结合起来，首创数据通信方式。

20世纪90年代，各国纷纷宣布建设"信息高速公路"，也由此产生了"地球村"的概念。

第二阶段：互联网普及。2000年前后，互联网开始普及，并从通信领域延伸到商业领域，互联网让人们得以在线完成商品和服务支付，大大提升了商品流通的速度，减少了商品流通的中间环节，提升了社会运行效率。同时，互联网也带来了信息爆炸，信息开始呈现出爆炸式传播、去中心化传播的特点。

第三阶段：移动互联网、大数据、人工智能等兴起。移动互联网的出现，智能手机的普及，使人们随时随地都可以通过各种应用软件完成在线支付。因此诞生了O2O（Online To Offline）模式，线上、线下的结合进一步带来了社会运行效率的大幅提升。

而现在如火如荼的大数据、云计算、物联网、人工智能等新技术，将人类社会的发展推向了一个前所未有的高度。

3. 工业4.0

关于信息革命和数字化，业内有一个非常重要的概念：工业4.0。

工业1.0是蒸汽机时代，工业2.0是电气化时代，工业3.0是信息化时代，工业4.0则是利用信息化技术促进产业变革的时代，也就是智能化时代。

德国于2011年提出"工业4.0"的说法，而后博世公司提出一套完整的"工业4.0"发展建议，并于2013年正式向世界推出"工业4.0"概念。

工业4.0核心观点为信息物理系统的构建，即通过数字技术收集分析实体活动内容的数据，在人与人、人与物、物与物之间实现"互联"，实现设备、产品、供应链、销售、客户等生产经营过程中各个环节的信息链接，达到企业之间的横向集成、产品全生命周期中的端到端集成、企业内部管理的纵向集成，最终实现最大化的生产效率和最大化的需求满足。

概括来讲，德国所提倡的工业4.0，是指利用物联信息系统（Cyber-Physical System，简称CPS）将生产中的供应、制造、销售信息数据化和智慧化，达到快速、有效、个性化的产品供应。

从信息时代开始，到数字智能时代的到来，人类社会的各个方面突飞猛进、日新月异，似乎是按下了快进键。在这个阶段，一大批百年老牌企业走向式微甚至瞬间倒闭,譬如百年工业大厦柯达瞬间崩塌,日本老牌电器企业逐渐走下坡路。而一些在信息革命时代抓住机遇的企业则异军突起,譬如 PC 时代,造就了国内的三大门户网站、腾讯、阿里巴巴等巨头,也造就了国外的亚马逊、微软、Facebook 等巨头。移动互联网时代造就了美团、滴滴、字节跳动等巨头。

信息时代完全颠覆了人们对以往经济运行规律的认知:社会发展不再是线性的,而是跳跃性的,一家百年企业可以在短短几年内覆灭,同样,短短几年时间也可以造就一家百亿市值的独角兽企业。在信息时代,紧跟科技发展的脉搏,跟随时代的潮流,制定顺应时代的发展战略,关系着一个国家、一个行业、一家企业的生死存亡。

1.1.4 数字时代的战略选择

数字时代又被称为后信息社会或比特时代。它是继工业时代和信息时代之后的一个新时代。

1. 理解什么是数字化

数字时代的概念起源于欧美。1995 年,美国麻省理工学院教授尼葛洛庞帝的《数字化生存》一书问世,宣布以"比特"为存在物的数字时代的到来。

数字化是指使用 0 和 1 两个数字编码来表达和传输一切信息的一种综合性技术,即将电话、电报、数据、图像等各种信息都变成数字信号。

实际上,尼葛洛庞帝口中的"数字化"是狭义的数字化,而我们当前经常提及的数字化则是广义上的数字化。

这种广义的数字化没有官方权威定义,关键在于理解数字化的内涵。数字化是利用新一代信息技术,包括云计算、大数据、AI、物联网等,实现研发、生产、运营、管理、营销和服务全方位的数字化,推动业务模式重构、管理模式变革、商业模式创新和企业核心能力提升。数字化是在信息化的基础上将业务转化为数据,并以数据驱动业务的发展。数字化是企业由实体经济向数字经济的转变，是企业由物理世界向数字世界的迁移。

历次的信息革命实现了信息的收集、记录、存储、传递、分析、应用等方面的多次飞跃。今天的数字时代使得即便对牛弹琴而牛也能够心领神会。数字化让人与人、人与物、人与机器、机器与机器、机器与物能够毫无障碍地沟通、交流、听令、实施。

2. 数字化时代的主要特征

从信息的传播方式来看，信息传播呈现出去中心化的特征。手握一部手机就能成为自媒体，每个人既是信息的接收者，也是信息的传播者。

从人类的生活方式来看，数字化生存使人获得最大解放，电子网络和个人电脑将分散权利或者可以说赋予个人最大权利。信息技术使民族、国家界限模糊，人类将走向全球化，不存在时空障碍，人们可分散在各处工作和生活。

从社会生产和经济层面来看，数字化时代的生产有四个重大转变：一是由大规模同质化生产向大规模个性化定制转变；二是由集中式生产制造向网络化协同制造转变；三是由以产品本体制造为中心向"产品+服务"转变；四是由机器自动化向以万物互联为媒介和以数据为驱动的智能化制造转变。

3. 数字化时代与以往时代对比

农业社会也被称为刀耕火种时代，土地是稀缺资源，社会的核心竞争力主要取决于农具和水利的大规模创新。

工业社会也被称为机器时代，资本是稀缺资源，社会的核心竞争力主要取决于机械设备的大规模创新。

信息社会也被称为网络时代，知识是稀缺资源，社会的核心竞争力是高新技术的大规模创新。此时崇尚"知识就是力量""科学技术是第一生产力"。

数字时代也被一些专家称为"哲思时代"，是信息时代的延续和发展。在这一时期，知识和技术当然也很重要，但是除了知识，这个时代还有更为稀缺的资源，包括数据、创意、智能化等。只有掌握这些稀缺资源，才能在数字时代拥有核心竞争力。

4. 数字时代的战略选择

目前，全世界已经进入数字经济时代，数字经济已经成为支撑当前和未来世界经济发展的重要动力。数字时代重构了人类的经济和生活方式。社会的各个方面：生产、流通、营销、渠道、品牌、消费等方式，都发生了翻天覆地的变化。

数字经济已经成为拉动经济增长的重要引擎和产业升级的重大突破口，顺应数字时代的发展潮流，紧跟数字化的步伐，是大到国家，小到行业、企业乃至个人的必然选择。

从国家层面来讲，2021年12月，国务院印发《"十四五"数字经济发展规划》，该规划提出，到2025年，我国数字经济核心产业增加值占国内生产总值比重达到10%，数据要素市场体系初步建立，产业数字化转型迈上新台阶，数字产业化水平显著提升，数字化公共服务更加普惠均等，数字经济治理体系更加完善。到2035年，我国力争形成统一公平、竞争有序、成熟完备的数字经济现代市场体系，数字经济发展水平位居世界前列。

国家关于数字化战略的规划，对于建筑行业来说，在其与数字经济的融合方面具有巨大的潜力。"数字化"已经成为建筑业创新发展的核心引擎，建筑行业推进数字化转型是在这个时代的必然要求和战略选择。

1.2 数字化发展的重要组成部分：数字经济、数字社会、数字政府

我国"十四五"规划和2035年远景目标纲要中，都重点提及数字中国建设，而数字经济、数字社会、数字政府是数字中国的重要组成部分，三者互为支撑、彼此渗透、相互交融，是我国未来发展战略中的重要一环。建筑工程行业也应顺应这一历史潮流，为建设数字中国贡献自己的力量。

1.2.1 数字经济

什么是数字经济？可以将数字和经济这两个词拆开理解。数字就是数字技术、数字思维，是一种先进的生产力方式；这里的经济可以理解为国民经济，是国家各行各业经济部门构成的总和。所以数字经济就是把数字技术、数字思维和各种产业相融合，把先进的生产技术运用到经济中来，促进经济发展，并催生出更多新的产业和新的商业模式，从而助力整个国民经济的发展。

1. 理解数字经济的内涵

数字经济，是一个内涵比较宽泛的概念。凡是直接或间接利用数字化技术（包括数据）来引导资源发挥作用、推动生产力发展的经济方式，都可以称为数字经济。

在技术层面，数字经济包括大数据、云计算、物联网、区块链、人工智能、5G通信等新兴技术。在应用层面，"新零售""新制造"等都是数字经济的

典型代表。建筑行业完成数字化转型后，也会成为数字经济的一部分。

更深入地讲，如果说农业社会的人类运用农具来实现财富的配置和创造，工业社会的人类运用机器来实现资源和财富的配置和创造，那么在数字经济社会，人类则是利用数字技术（大数据、云计算、物联网、人工智能等），通过对数据（数字化的知识与信息）的识别、选择、过滤、存储、利用等，来进行资源和财富的优化配置与创造。

本质上讲，数字经济是生产力进步和技术变革带来的必然结果。如果说农业社会的主要能源是各种农具和水利，工业社会的主要能源是电力和石油，那么数字社会的主要能源则为数据。

2. 数字产业化和产业数字化

首先必须明确一个概念，数字经济不等于虚拟经济。关于数字经济的通俗说法为：数字经济 = 数字产业化 + 产业数字化。

数字产业化是数字经济的基础，指用数字化技术搭建数字经济的基础设施，如各种云计算平台、各种大数据平台，这些都是数字产业化的组成部分。产业数字化就是把数字化的技术和思维与各个产业相融合。比如，建筑行业的数字化转型，实际上就是产业数字化的过程。

如何实现数字经济？也是从这两个方面入手。

数字产业化就是要发展云计算、大数据、人工智能、网络安全等新兴数字产业，当然也包括高端芯片、操作系统、通信设备、核心软件等关键技术领域的创新，这些是数字经济的基础设施。

产业数字化则是将数字技术运用于原有产业，促进原有产业的转型、升级和模式创新。建筑工程作为一个体量巨大的产业，也是我国产业数字化的重要组成部分。

近年来，我国坚持以供给侧结构性改革为主线的产业转型升级策略，就是一场大规模的产业数字化的运作，有力地推进了重点行业的数字化升级改造进程，促进了面向制造业的数字经济蓬勃的发展。

3. 发展数字经济的重要意义

数字经济是继农业经济、工业经济之后新的经济发展形态，对于国民经济各部门具有十分广泛的辐射带动效应。对提高我国经济效率、促进经济结构加速转变具有强大的驱动作用。据有关报告显示，2021 年，我国数字经济规模已经达到了 45.5 万亿元，大概占全国 GDP 的 39.8%。

自 2012 年以来，我国数字经济增速一直高于 GDP 增速，对 GDP 增长的贡献率不断攀升。随着数字技术的持续发展与深化应用，数字经济已成为我国经济社会发展提质增效的新动能。华为牛津经济研究院发表的《数字溢出：衡量数字经济的真正影响力》的研究表明，过去 30 年，数字技术投资每增加 1 美元，便可推动 GDP 增加 20 美元；而 1 美元的非技术投资仅能推动 GDP 增加 3 美元，数字技术投资的平均回报是非数字技术投资的 6.7 倍。因此，发展数字经济，对上至国家、民族层面，下至企业、产业层面，都具有十分重要的战略意义。

我国政府将数字经济纳入了"十四五"纲要，并且将其提升到了一个非常重要的高度。建筑行业在国民经济中具有十分重要的地位，因此对建筑行业进行数字化转型，实现产业数字化，不仅是企业发展的需要，也是响应国家的政策和号召，是企业担当与责任的体现。

1.2.2 数字社会

我国"十四五"规划提出加快数字社会建设步伐，适应数字技术全面融入社会交往和日常生活新趋势，促进公共服务和社会运行方式创新。2022 年 8 月，国家网信办发布《数字中国发展报告（2021 年）》，报告重点评估了 34 个省（自治区、直辖市）在数字社会等方面的发展水平。2022 年 11 月 23 日，华为宣布加入国际电联的 Partner2Connect 数字联盟，承诺到 2025 年将为全球 80 多个国家约 1.2 亿偏远地区人口提供连接到数字社会的能力。

那么，到底什么是数字社会呢？

1. 数字社会的概念

关于数字社会，官方文件非常详细地描述了数字化给人类社会和人类生活带来的巨大改变：构建全国一体化数据资源体系，整合打通社会运行各方面数据资源，推进面向社会民生重点领域的智慧化应用，聚焦人民群众生产生活和办事创业中的难点、痛点、堵点问题，进一步深化"放管服"改革，推动现代治理体系建设向跨层级、跨地域、跨领域协同管理、协同服务、协同监管的纵深方向发展，切实增强人民群众获得感和满意度。

中国行政体制改革研究会副会长汪玉凯认为，数字社会就是数字化、网络化、智能化深度融合的社会。这种深度融合集中表现为"五高"——高度被感知的社会、高度互联互通的社会、高度被精准计算的生活、高度透明的社会和高度智能化的社会。支撑数字社会的有三大技术基础，即数字化基础上实现万物感知，网络化基础上实现万物互联，智能化基础上使社会更加智慧。感知、融合、共享、协同、智能是数字社会的基本属性。简单地讲，数字社会是将数字化融入社会日常生活中，促进社会生活方式、交往方式以及服务方式的创新，从而提升我们社会生活的质量和水平。

如果说数字经济是把数字化运用到产业中，推动产业发展，数字经济主要与企业和各种经济主体相关，那么数字社会就是将数字化运用到社会的方方面面，它与我们每一个人都息息相关。比如，我们线上完成缴税、线上进行各种政府事务的申请和办理、线上操作水电煤缴费等，都是数字社会为我们带来的便利。

数字社会是继农业社会、工业社会以及信息社会过渡之后的新社会形态。人类社会经历了农业社会、工业社会和信息社会三个发展阶段，现在开始全面转入数字社会阶段。

2. 数字社会的内涵和特征

我们可以从两个方面来理解数字社会：一方面是横向地了解数字社会的

构成；另一方面是纵向地从人类社会历史的场合看数字社会和以往有什么不同，以及数字化对人类社会的长远影响。

数字社会由以下四方面构成：

（1）数字化的城市大脑：为数字社会提供全面、全程、全域的能力支撑。可以理解为一个城市、一个国家的数字化基础设施。

（2）数字化服务：社会事业的数字化服务，协同推动制度创新和政策供给。比如政务的数字化、数字交通等。

（3）公共服务和数字化协同：包括跨业务流程再造、跨部门业务协同、跨行业数据共享等。

（4）数字化社会空间：包括多场景应用，比如数字社区、数字乡村等。

从历史进程来看，数字社会表现出和以往的农业社会、工业社会完全不同的特征，可以说是颠覆了人类的生活，如：

（1）数字ID：纸质的身份证明被一个数字ID代替，给人类的社交、购物、自我管理等方面带来了极大的便利。

（2）数字文明：包括知识经济、新财富观念、技术创新、数据赋能等，整个人类文明都朝着数字化的方向发展。

3. 如何打造数字社会

2023年，中共中央、国务院印发《数字中国建设整体布局规划》，将"数字社会精准化普惠化便捷化取得显著成效"作为2025年数字中国建设的目标之一，明确提出"构建普惠便捷的数字社会"。数据显示，截至2022年12月，我国网民规模达到10.67亿元，互联网普及率达75.6%，形成了全球最为庞大的生机勃勃的数字社会。

随着数字技术全面融入社会交往和生产生活，对人类生活产生了方方面面的影响。实际上，数字社会的建设我们肉眼可见：在城市社区，手机支付、App打车、网上订餐、协同办公逐渐成为人们工作生活的常态；在农村，越来越多的乡村变身"掌上村庄"，村务微信群成了宣传政策的"明白群"。

购物、居家、交通出行、生活服务等，都可以通过数据传输在线上进行。

实际上，我国已经在大力推进数字社会的建设。从数字社会的概念我们可以看到，数字社会是继农业社会、工业社会、信息社会之后的一种新型社会形态，也是未来社会发展的大势所趋。建筑工程绝不只是一些建筑、一个工程，它也是智慧社区和数字社会的重要助力，建筑工程行业的数字化可以大大加快数字社会的推进速度，拓展数字社会建设的深度和广度。

1.2.3 数字政府

数字政府是以数字技术为支撑，实现政府数字化转型，促进治理能力现代化，提升各个领域履职能力的新型政府管理形态。数字政府的打造，至少有三个方面的作用。

一是数据资源的开放利用。工业时代的能源是石油，数字时代的能源是数据。根据有关部门统计，中国 80% 以上有价值的数据都掌握在各级政府部门手中。如果这些数据能够在保证安全和隐私的基础上，在政府部门之间共享，或者向社会公众部分开放并加以利用，就能创造出巨大的价值。比如，美国的气象部门免费向社会开放气象数据，一年可以为发电厂节省几亿美元。由于采取了免费开放气象数据的政策，早在 20 多年前，美国的天气风险管理行业产值就是欧洲的 60 倍。

二是提升政务服务的效能。包括利用数字技术辅助政府决策和行政办公、提高突发事件应急处置能力、提升服务水平和群众办事效率等。比如，在政府数字化水平较高的大城市，如上海、北京、深圳，老百姓会明显感到办事效率更高。以前需要跑几次才能办成的事，如今只需要线上提交资料就可以。从前需要邮寄纸质发票，现在电子发票方便快捷，还便于查伪。

三是支撑数字政府的基础设施。包括电子政务网络、政务云平台、政务大数据，以及支撑政府部门履行职能的各种信息系统。数字政府的建设经历了三个阶段（如图1-1所示）。

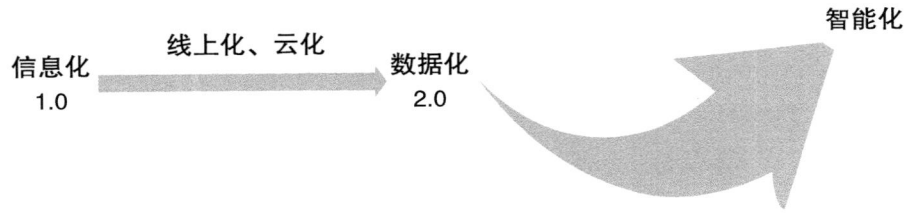

图1-1 数字政府演进阶段

一是信息化时代。这一时期，数字政府建设与IT技术的演进和网络的普及基本同步，包括无纸化办公和政务信息化。政务信息化又经历了云化和线上化的过程，逐步实现了政务信息化系统上云、办公和服务上网。

二是数据化时代。目前，中国数字政府建设的信息化阶段基本完成，正逐步由信息化时代步入数据化时代。数据化是数字政府在DT（Data Technology）时代的全新形式，其最大的特点便是数据资源化，以及围绕数据的多维度创新。

三是智能化时代。这是关于数字政府的未来展望。未来，数据和智能技术将全面重塑政府的决策、服务、治理模式，治理将越来越智能，基于网络和平台的服务将全面普及，需求定义的服务将不断出现，同时会出现大量个性化、智能化的主动服务。届时，政府服务能力和城市治理水平将大幅提升。

从发展的延续性来看，信息化是数据化的基础。信息化时代将办公、流程、服务、治理等流程全部数字化，同时积累了大量数据；云化为各类城市和政务数据的汇聚、融合打下基础；线上化则拓展了服务入口，加强了部门之间的联系，这为后续在协同、服务模式等方面的创新提供了保障。

当前，数字政府建设正迈入一个以数据化和数据创新为标志的崭新时代，我们称其为"数字政府2.0"。从全球范围来看，以美国、英国、澳大利亚、新加坡、丹麦、爱沙尼亚为代表的国家数字政府建设发展较早。这些国家借助新一代信息技术，以较为先进的理念和不断的尝试，取得了良好的数字政府建设成效。比如，丹麦推行的数字政府建设覆盖了中央、地区和地方政府2020个部门及机构，几乎覆盖了丹麦所有政府部门，为丹麦成为数字政府建设方面的领先国家创造了基础。伦敦市政府推出了政府数据开放门户网站data.gov.uk，并开放提供超过4万个政府数据库。

我国十分重视数字政府的建设，2016年，国务院印发《关于加快推进"互联网+政务服务"工作的指导意见》，标志着数字政府建设进入新阶段。2018年，国家加快推动"一网通办"建设，并明确了时间要求，各地政府积极响应，数字政府建设再次提速。从"互联网+"到"一网通办"，国家对数字政府建设的要求明显提高，因为实现"一网通办"需要更深层次的创新与变革。

建筑业是与政府部门联系十分密切的行业，诸多环节和流程都有政府工作的参与，比如备案、审批、监测、验收等。我国数字政府的大力建设为建筑工程行业的数字化创造了良好的条件和基础。

1.3 数字化转型正成为产业发展原动力

《数字中国发展报告（2020年）》指出，我国数字经济核心产业增加值占GDP比重达到7.8%，高于GDP的平均增速。数字化已成为产业发展的巨大动力，面对加速到来的智能时代，拥抱数字化变革已经成为必然选择。特别是"新基建"的提出，更为产业数字化升级提供了全新动力，驱动千行百业的数字化转型不断加速。

1.3.1 从"选择题"到"必修课"

当前，数字化助力实体经济发展的重要性已经被提到新的高度。数字化转型已经不再是"选择题"，而是"必修课"。究其原因，从宏观层面来讲，数字化已经融入生产和生活的方方面面，是大势所趋，是国家战略导向，企业必须紧跟。从企业微观层面来讲，数字化转型成为企业发展的"原动力"，可助力企业提高管理水平、控制经营风险和提升企业效率。

1. 数字化是大势所趋

数字化是时代潮流，大势所趋。与过去的工业革命一样，抓住机遇、迅猛发展的企业将会迎来发展和超越，无视发展趋势的企业将很可能在这次潮流中被淘汰。

展望未来，只有两种企业可以生存：一种是数字化原生企业，创立伊始就按照数字化、智能化方式运营和发展的企业；另一种是通过数字化转型实现重生的企业。数字经济时代，企业唯有进化，别无选择。

《哈佛商业评论》2017年9月的一份研究显示，对比20世纪80年代中期高达60%～70%的占比，传统战略咨询业务仅占目前企业战略咨询业务的20%，步入2018年后，这个占比还可能大幅下降。与此同时，越来越多的企业已经开始着手数字化战略的制定与执行，高德纳咨询公司（Gartner, Inc.）2017年5月的相关研究表明，截至2018年年底，50%的大型企业将拥有完善的数字化转型战略。

数字化战略不仅事关企业存亡，也事关国家发展。

数字化是对市场经济和各大行业的一次洗牌，抓住机遇的企业将有可能取代以往的龙头企业，获得市场领导地位。我国就有很多行业利用数字化的机遇，走在了全球前列。

比如，中国LED显示行业抓住数字化转型的市场机遇，从追赶到创新超越，及至引领全球LED显示产业，完全实现自主可控，成为我国数字经济大潮中一大绝对优势产业。

如今，全球数字化发展已经驶入快车道，进一步拓展着数字经济发展的新空间。产业数字化带来巨大的红利和机会，未来将有更多行业创新者涌入该赛道，催生更多新经济形式及多产融合的业态。数字化经济将进一步激发新动能，万亿级规模体量将保持高速增长。

如果各行各业都能抓住这一战略机遇，那么将为我国在全球数字化竞争中取得优势地位做出巨大的贡献，建筑行业当然也不能落后。

2. 数字化已全方位覆盖产业和生活

与线上支付一样，十年前可能是一个"选择题"，而现在则是"必修课"，即便是老人，现在也必须学习线上操作来适应这个时代，否则在生活中将"寸步难行"。

产业的数字化也是如此，如今各行各业包括政府部门都在进行数字化转型，数字化已经全面覆盖产业和生活。当国家政府部门、上下游企业、客户、投资商等都实现数字化后，没有实现数字化转型的企业将很难维持。这是不远的未来必然会发生的现象。

3. 数字化助力企业提升经营管理水平

我们可以设想几个场景：

你的竞争对手通过数字化转型对数据的运用，预测了消费者的喜好和需求，实现了定制化的生产，而你仍是按照自己的想法想当然地埋头生产。

你的竞争对手与政府数字化无缝对接，所有业主的需求都可以在1小时内得到迅速响应，而你还在线上进行各种流程，往往需要几天的时间。

数字化极大地提升了企业运营和管理的效率，没有实现数字化转型的企业，必将落后于竞争对手，最终被市场所抛弃。

人工智能、云计算、大数据等数字技术正与产业深度融合，已逐渐从效率提升的辅助角色，转变为重构产业数字化发展的"内核角色"和实现数字经济高速增长的"内燃机"（如图1-2所示）。

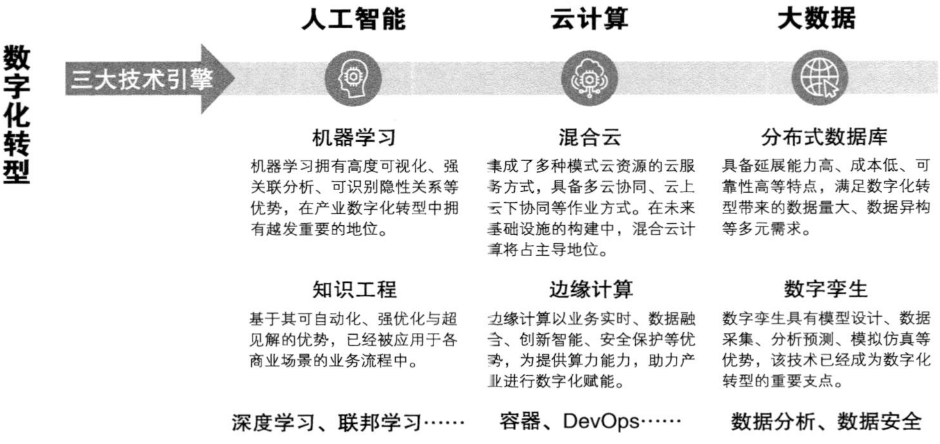

图1-2 数字化转型的三大技术引擎

人工智能方面：以机器学习、联邦学习、知识工程为主的核心技术正成为创新发展的主要驱动力。以机器学习为例，基于其可自动化、强优化与超见解等优势，已经被应用于各种商业场景的业务流程。未来，机器学习将与其他新兴技术结合，为更多数字化场景助力，达到 1+1>2 的效果。

云计算方面：混合云、边缘计算等技术在产业数字化转型中，将彰显出越发重要的作用。以混合云为例，混合云构架不仅是 IT 架构的革新，还可保证降低成本的同时实现高敏捷性，同时为企业业务带来更多的创新机遇。未来，混合云将成为各行各业实现渐进式数字化转型的首选方式。

大数据方面：分布式数据库、数字孪生等创新技术正在加速成熟，成为产业数字化发展的核心力量。以数字孪生为例，利用该技术可打造出映射物理空间的虚拟世界，实现物理实体与数字虚体之间的数据双向动态交互。同时可根据数字空间的变化及时调整生产工艺、优化生产参数，得到优化、预测、仿真、监控、分析等功能的输出，为数据驱动业务提供强大支撑力。

相比于以往的技术，这些都是跨时代的进步，不能及时赶上的企业，将面临被淘汰的命运。

4. 数字化助力企业提升抗风险能力

数字化转型在"新冠疫情"期间得到了飞速发展，"新冠疫情"推动了企业养成数字化运营习惯，成为激发企业全面数字化转型的动因。"新冠疫情"期间数字化的应用，证明了数字化在抵抗不可预知风险方面，具有传统技术无可比拟的优势。"新冠疫情"过后，数字化几乎已经成为全社会的共识。

数字化转型不再是"选择题"，而是"必修课"。"新冠疫情"作为分水岭，促使产业数字化转型进入了新的生态发展期。

部分发达国家相继发布了基于数字技术的建造业发展战略，如美国的《基础设施重建战略规划》，英国的"建造 2025"战略，日本的"建设工地生产力革命"战略等。我国印发的《关于推动智能建造与建筑工业化协同发展的指导意见》也确立了 2035 年迈入智能建造世界强国行列的总目标。

目前，新一代信息技术在我国建筑业领域推进较为缓慢，建筑业数字化水平排名靠后。建筑业需要加快行业数字化智慧化转型，抢占建筑业未来科技发展高地。

总之，在人类文明演进的历史长河中，每一次生产力变革在推进社会发展的同时，也改变了社会关系和社会结构。从农业文明到工业文明，从刀耕火种到声光化电，每一次技术变革都带来了人类的组织方式、治理方式和制度体系的变革。

数字化这一新一轮科技革命与产业变革方兴未艾，正在推动世界经济格局的重新洗牌。以大数据、云计算、物联网和人工智能等为代表的新一代信息技术，正在升级经济社会的生产方式、消费方式、运转方式和治理方式。在这样的历史潮流之下，数字化转型对企业来说已不再是"选择题"，而是"必修课"。

1.3.2 智驱未来：数字化推动产业升级重构

2021年，我国建筑业总产值达到29.3亿元（实现增加值达到8万亿元），占国内生产总值比重达到7.0%，建筑业为社会经济发展做出了重要贡献，但仍存在工业化程度低、生产效率差、能耗大、成本高等问题，行业发展质量不高。

"十四五"时期是我国社会新发展阶段的起步期，建筑业也到了转型发展的关键时期。工业化、绿色化、数字化将是建筑业高质量发展的关键，这也令建筑企业的生产经营方式发生了变化，传统的建筑供应链已经无法适应新的环境，行业转型需求推动建筑企业进行供应链创新，数字化成为建筑供应链升级的关键途径。

数字化对建筑行业升级转型的作用主要体现在三个方面：工业化转型、数字化转型、绿色化转型，而这正是建筑业未来的趋势。

1. "工业化"转型：建造方式改变

我国建筑业市场规模庞大，但发展方式仍然较为粗放，建造方式以传统现场作业为主，存在效率低、污染大、质量差、人工成本高等问题。随着人民群众对建筑品质要求的提升、生态环保要求的增强、人口红利的逐渐消减，传统的建筑业发展方式已经无法适应当前的时代要求。

在供给侧改革的背景下，"十四五"建筑业发展规划中提到的发展目标包括"智能建造与新型建筑工业化协同发展的政策体系和产业体系基本建立，装配式建筑占新建建筑的比例达到30%以上"，建筑业由规模型粗放发展转向集约型高质量发展，建筑工业化的改革势在必行。

2017—2021年，我国新开工装配式建筑面积及占新建建筑面积比例如图1-3所示。

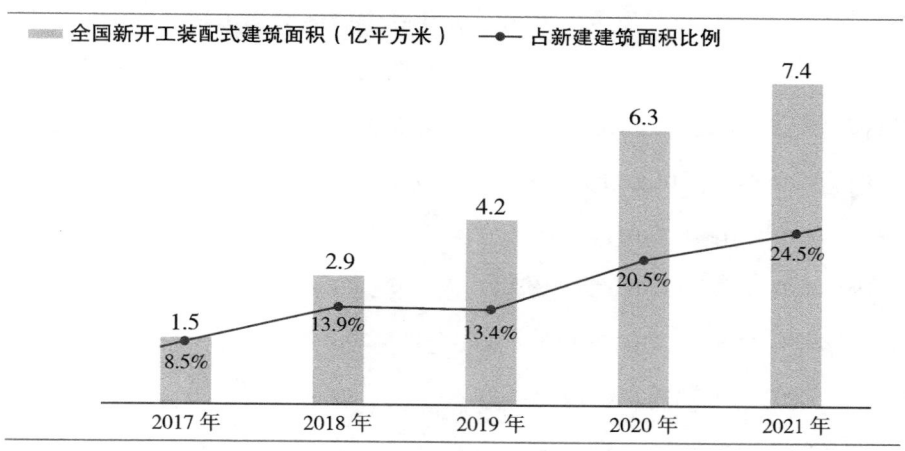

图1-3 2017—2021年我国新开工装配式建筑面积及占新建建筑面积比例

传统的建筑生产方式具有集中性、临时性、复杂性特征，而工业化建筑将工业模式引入建筑业之中，其生产与建造过程分开，构件及部品预制化生产，现场装配式施工，同时应用标准化的设计，令建筑可以大规模重复性建造。

这种集成化的建造模式令设计企业、构件及部品生产企业在供应链中活跃性增强，供应链中的信息交流范围扩大，供应链的管理也由围绕单一核心企业向多主体协同转变。

在建筑业向工业化转变的过程中，数字化转型是必不可少的一环，且是强大助力。信息共享完善、协同能力更强的数字化供应链将成为建筑工业化发展的重要工具。

2．"数字化"转型：数字技术融合

进入工业4.0时代，信息技术的广泛应用在制造业引发了巨大变革，制造业的数字化、智能化水平不断提升，进入智能化发展阶段。与此同时，随着建筑工业化的推进，建筑业逐渐具有了部分制造业的特征，制造业的数字化转型路径也给建筑业带来了启示。

在工业化程度逐渐提升的过程中，建筑业也迎来了数字化发展的契机。2007年出台的《建筑对象数字化定义》在国家层面明确了建筑业的数字化进程启动，2017年出台的《关于促进建筑业持续健康发展的意见》标志着建筑信息模型（Building Information Modeling，BIM）技术在建筑业中的广泛推广，我国的建筑业形成了以BIM为核心并向其他建造环节延展的数字化推广进程。目前，在设计、施工、建造等环节已经部分采用数字化工具，但供应链的数字化程度尚处于较低水平，智能建造与新型建筑工业化协同发展的产业体系，需要数字化水平更强、敏捷性更强、安全性更高、附加价值更高的供应链。

3．"绿色化"转型：低碳环保理念

"十四五"时期是落实2030年前碳达峰、2060年前碳中和的"双碳"目标的重要阶段。传统建筑业能耗大、碳排放量多，2019年全国建筑全过程碳排放总量为50亿吨，占全国碳排放总量的比重为50.6%；全过程能耗总量为22.3亿tce，占全国能源消费总量的45.9%。建筑业减排是降低总碳排的关键所在。2015—2019年全国建筑全过程碳排总量及能耗情况如图1-4所示。

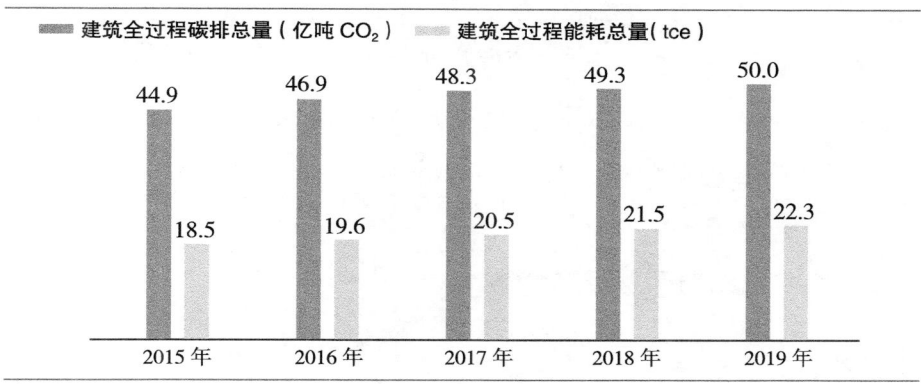

图 1-4 2015—2019 年全国建筑全过程碳排量及能耗总量

2015—2019 年建筑全过程碳排占全国总量比重和建筑全过程能耗占全国总量比重如图 1-5 所示。

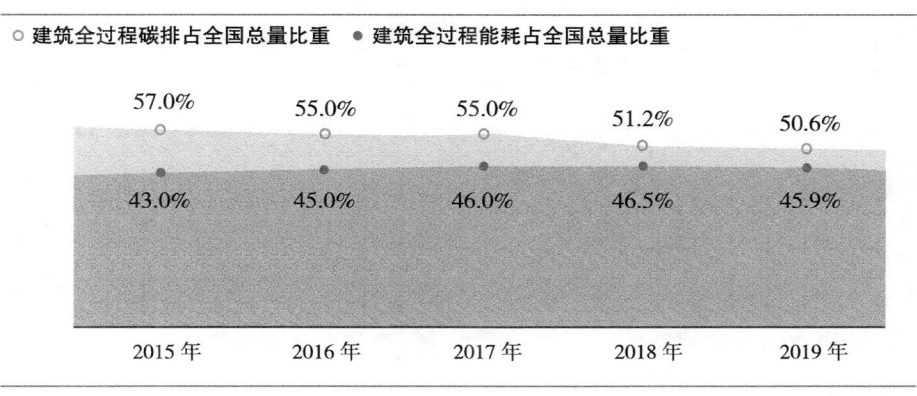

图 1-5 2015—2019 年建筑全过程碳排占全国总量比重和建筑全过程能耗占全国总量比重

建筑产品的建造过程涉及的参与方众多,仅靠单个环节、单个主体无法完成全过程减排,供应链作为串联建筑产品各个环节的网络,在建筑业减排方面具有重要作用,但目前传统的建筑供应链协同性差、现代化水平低,尚未融入低碳理念，碳排放控制不力。

在"双碳"目标的驱动下，将绿色低碳理论与数字化供应链相结合，将减排目标贯穿建筑产品生命周期的各个环节（低碳采购、低碳施工及低碳回收），打造绿色供应链，将是建筑业实现低碳化的重要突破口。

1.3.3 数字化助力产业降本增效

随着新一轮科技革命和产业变革的深入发展，数字化已经逐渐融入经济发展的各领域、全过程，已经显示出它的巨大威力，成为重组全球要素、重塑全球经济的关键力量。

在当下经济发展放缓的背景下，数字化可以助力企业找到新的增长点、降本增效，数字化越来越成为企业竞争的新力量。数字化对企业的赋能主要体现在以下五个方面：

（1）通过数据化分析，可以更快捷、准确地获取市场、客户、产品和供应链信息，更好地把握市场动态和客户个性化的需求，从而做到按需生产，降低库存，减少浪费。同时，大数据也可以运用于企业管理领域，提高企业的管理效率，减少人力和物力资源的浪费。

比如，建筑行业的现场施工一般都是靠人力现场管理，需要的人员多，并且管理不便，容易出现各种错漏、浪费和损失。但现在可以通过数字化技术，对现场作业情况进行监控，一个人就可以管理多个施工现场，管理更为全面，极大地降低了人力成本。

（2）自动化生产和工艺优化。引入数字化技术，特别是人工智能技术，比如机器人，可以实现生产线上的自动化生产和控制，降低人工成本，提高生产效率。同时，可以通过大数据的利用，更好、更及时地对市场反馈做出反应，及时对生产工艺进行优化、加速产品升级。

比如，建筑行业一般按照图纸来生产，难免会有误差和错漏，而采用数字化技术后，可以通过以虚映实，实现数字化产品和实物产品的零误差，极大地减少了返工和浪费。近些年来，装配式建筑的发展，就是建筑业利用数字化技术降本增效的一个现象。

（3）供应链和财务优化。数字化技术还可以帮助企业实现更好的供应链管理，可以跟踪和管理物流、库存和采购流程，提高物资管理效率和管理精度。同时，通过数字化记录和管理企业财务数据，可以降低出错率，提高审计质量。

建筑行业的物料浪费比较严重，财务管理也比较复杂，数字化技术可以极大地帮助建筑业实现供应链和财务的优化，从而达到降本增效的效果。

（4）产品升级和客户体验升级。数字化升级可以帮助企业实现产品升级，满足消费者个性化的需求。同时，数字化技术可以让企业和客户更加及时地交流、反馈，提升客户体验。

比如，当前人们对绿色化的需求越来越迫切，数字化可以助力建筑行业实现绿色建筑、智能建筑，提升客户体验。当下比较流行的智慧物业就是数字化赋能客户的典型例证。

（5）保障安全。这一点在建筑行业尤为突出，建筑行业通过数字化的技术对施工现场进行监控和预警，可以极大地提升安全度。事故的减少和零发生对于企业降本增效所起的作用毋庸置疑。

作为国民经济支柱产业，建筑业为我国经济的发展做出了重要贡献，但其依然存在发展质量和效益不高的问题，发展现状大而不强，总产值高但产值利润率低。2021年，我国建筑业总产值增至29.3万亿元，创下新高，但产值利润率下滑至十年来最低点，仅为2.9%（如图1-6、图1-7所示）。

行业特色导致建筑企业营业成本高企。自2017年开始，建筑企业整体营业成本率超过90%，高昂的成本直接压缩利润空间。2021年，建筑企业的营业收入增速保持在15.1%的较高水平，但净利润出现负增长，增速下滑至–4.0%，增收不增利现象明显。

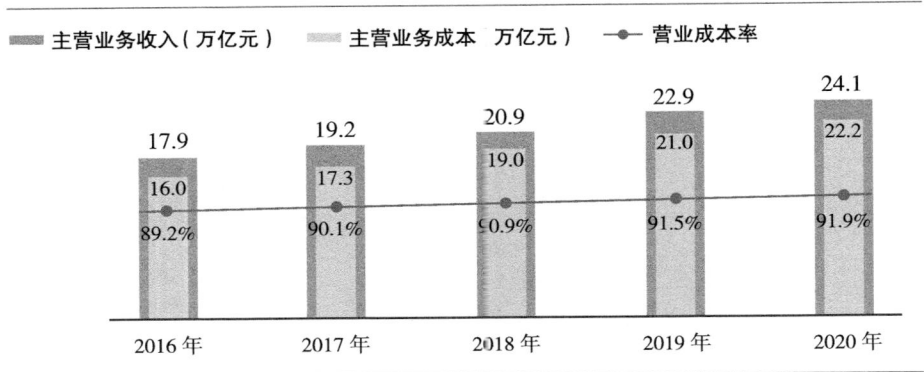

图1-6　2016—2020年全国建筑业主营业务收入、业务成本、营业成本率

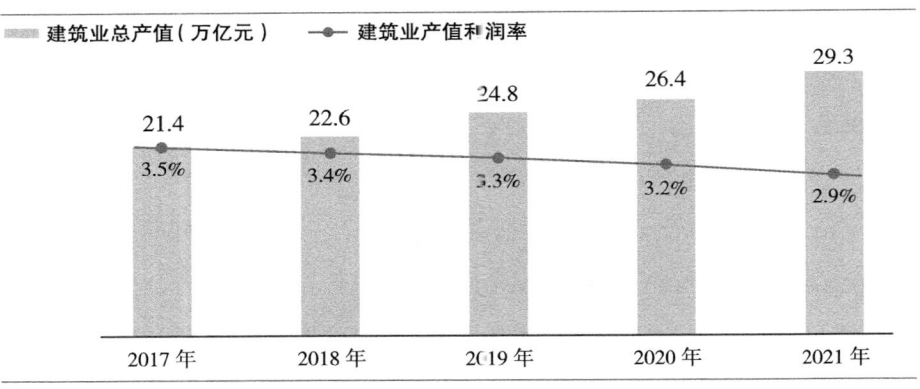

图1-7　2017—2021年全国建筑业总产值及建筑行业产值利润率

在这种情况下，建筑行业全面进行数字化转型至关重要，通过数字化手段，可以优化生产制造流程、提高效率、节约成本、提高盈利能力和管理水平，甚至找到新的增长点，从而提升企业的竞争力。建筑行业迫切需要在数字化方面加大投入，利用数字化技术走出一条符合自身情况的数字化发展之路。

第 2 章

国内建筑业数字化应用的发展历程

建筑业的数字化落地共有三个层面：首先是业务层面的数字化，其次是管理层面的数字化，最后是整个系统的数字化。由点及面，最终实现全面的数字化转型。

全量全要素的数据是数字化转型的核心，业务数字化的核心就是通过数字化、智能化手段实现企业数据的自动采集、沉淀，并将核心业务线上数据链全部打通，通过数据治理和数据应用，提升业务能力、监管能力和风险防控能力。

第 2 章
国内建筑业数字化应用的发展历程

2.1　国内建筑业现状

随着城市化进程的加速，城市住宅、商业和公共设施的建设需求不断增长，建筑行业市场空间进一步扩大，但与此同时，也面临种种挑战，比如：围标、串标现象屡禁不止，各种债务纠纷、欠薪讨薪现象层出不穷，等等。在数字化、信息化和智能化的推进下，建筑行业正在向产业链高端迈进，采用先进技术和材料力图实现产业升级。

2.1.1　国内建筑业的两大类市场主体

1.围绕建筑产品的全生命周期参与的五大市场主体

建筑工程的全生命周期包括投资决策、勘察设计、施工交付、运营维护等阶段，在此过程中参与方包括政府主管机关、投资方、金融方、建造商、运营服务商。

（1）政府主管机关。参与建筑全生命周期的政府机关主要包括以下部门：

住建部——2008年在中央"大部制"改革背景下新成立的中央部委。

省住房和城乡建设厅——建筑企业的"安全生产许可证"的发证机关。

建委——建设委员会的简称，负责各级（省、市、县）工程建设及建筑行业、房地产开发行业、建材行业综合行政管理的区政府职能部门。

安全生产监督管理局——省市均设有此单位，负责建筑安全生产管理。

省建设工程质量安全监督总站。

建筑工程管理局——负责建筑安全、专业承包资质认证等工作。

政府机关几乎参与了整个建筑工程的全生命周期,从最初的投资立项,到勘测验证、前期规划审批,再到招投标、建设施工过程中的安全管理和监督,甚至到后期的运营维护,都有政府部门的参与和监督。

(2)投资方。建筑项目投资人是指在建筑项目中提供资金支持和监督工作的主要角色,对于项目的成功实施和顺利完成具有重要的影响。

投资方在建筑全生命周期中扮演的角色包括:

投资决策——建筑项目投资人的首要职责是对项目进行投资决策。他们需要评估项目可行性、潜在收益和风险,并判断是否值得投资。投资人需要了解市场需求、项目的商业模式和竞争环境,以便做出明智的决策。在投资决策过程中,投资人还须制订项目资金计划,确保项目有足够的资金支持。

监督与管理——建筑项目投资人需要监督和管理项目的运行情况。需要确保项目按照规定的时间表和预算进行,并保证质量符合期望。投资人需要与项目团队沟通和协调,解决出现的问题和挑战。他们还需要审查项目的合同、设定施工方案,以确保项目符合法规和标准。

风险管理——建筑项目中存在各种风险,投资人需要对这些风险进行管理。他们需要制定风险管理策略,预测和评估潜在风险,并采取相应的措施控制和应对。投资人需要密切关注项目的进展和市场变化,并及时调整策略以降低风险。

合作与协调——建筑项目投资人需要与各方保持合作和协调。他们需要与开发商、设计方、承包商和政府机构等相关方进行沟通和协商。投资人需要解决各方的利益冲突,确保项目顺利进行。他们还需要与金融机构展开合作。

从投资方的角色和职责我们也可以看到,投资方也是贯穿整个建筑工程全生命周期的角色。

(3)金融方。这是为建筑项目提供资金支持的主体单位,主要是银行,还包括保险公司、信托公司、民间融资机构等。

银行作为最主要的金融机构之一，在建筑业中扮演着重要角色。银行通过向建筑企业提供资金，帮助其解决资金问题，使其能够顺利开展工程项目。此外，银行还可以提供信用证明来帮助建筑企业更好地开展国内外合作。

保险公司也是一个重要的金融机构，在建筑领域中主要通过投资来支持行业发展。除了直接投资，保险公司可以通过购买债券、股票等方式来为建筑企业提供长期稳定的资金来源。

信托公司在建筑领域中也有一定的投资作用，即通过向社会募集资金并投向建筑领域，为建筑企业提供资金支持。

在建筑行业的全生命周期中，早期金融方主要是参与前期的投资角色阶段。如今，建筑行业跟金融业的合作方式也变得更加广泛。比如近些年兴起的融资租赁概念。在建筑业中，需要使用大量设备和机械，而这些设备和机械价格昂贵、使用寿命短暂，这时可以采用融资租赁的方式，通过金融机构低成本获得这些设备。

在这种情况下，金融方也会参与后期的运营维护，甚至有一些金融机构直接成为股东，参与项目全生命周期。

（4）建造商。建造商也被称为承包商，如在房地产项目中，开发商担任项目的投资主体，而建造商则是负责实施建设工程的施工方。在合同中，他们分别扮演甲方和乙方的角色。

建造商是负责实际建设的主体，他们负责现场施工，根据投资商的要求设计图纸，进行建筑物的施工和安装。建造商的职责包括施工前的准备工作、材料采购、施工现场的管理以及质量控制等。

如果出现质量问题，投资方需要承担投资风险和法律责任，而建造商则要承担施工责任。

（5）运营服务商。运营服务商是主体建筑项目竣工之后，负责运营和维护的企业。

比如，商业地产竣工之后，需要有相应主体负责出售；写字楼竣工后，需要有相应主体负责租赁、物业；小区建成出售后也需要后期的物业、安保、消防等专门主体进行后期运营和维护。

运营服务商有可能是投资方，也有可能是投资方委托给第三方。在建筑全生命周期中，运营服务商参与的是后期运维阶段。

2. 从建造全过程产业链的角度看，围绕建筑产品建造过程参与的市场主体有八大类

（1）建设单位。建设单位是建造的投资方和项目管理方，其职责相当于上面提及的投资方。

（2）规划设计。规划设计单位根据建设单位的要求和施工图纸的要求，进行工程设计，提供工程设计图纸和技术方案，确保工程设计符合要求。

通常设计单位还要承担勘察职责，工程勘察负责对工程地质、水文地质等进行勘察，提供勘察报告，为工程设计和施工提供依据。

勘察设计是工程建设的前期准备工作，是确保工程质量和安全的基础。

（3）咨询监理。咨询监理指进行工程监理的单位，按照合同和相关规范的要求，对工程施工过程进行监督和管理，确保工程施工符合要求。咨询监理通常由建设方聘请。

建筑监理是工程质量、工期、安全的保证，是建筑工程中的重要环节；而咨询则需要为客户提供专业的监理服务的相关建议。

（4）总承包。建设工程的总承包一般又被称为"交钥匙承包"，是指建设工程任务的总承包，即发包人将建设工程的勘察、设计、施工等工程建设的全部任务一并发包给一个具备相应的总承包资质条件的承包人，由该承包人对工程建设的全过程向发包人负责，直至工程竣工，向发包人交付，经验收合格符合发包人要求的建设工程的发承包方式。

工程总承包是国内外建设活动中使用较多的发承包方式，它有利于充分发挥在工程建设方面具有较强的技术力量、丰富的经验和组织管理能力的大承包商的专业优势，综合协调工程建设中的各种关系，强化对工程建设的统

一指挥和组织管理，保证工程质量和进度，提高投资效益。

（5）专业分包。专业分包指施工总承包企业将其所承包工程中的专业工程发包给具有相应资质的其他建筑业企业完成的活动。

专业分包的内容包括：

行业垄断的项目——消防、煤气、自来水加压、配电室高压侧等。

特殊专业项目——手术室、金库、特殊设备等。

专业性较强的项目——网架、钢结构、幕墙、降水、护壁、打桩、弱电监控、电梯等。

每一个专业领域都有相应的分包主体。

（6）劳务作业。劳务作业是指负责建筑施工的人，通常指建筑工人、建造师等。不仅包括前期的主体建筑的劳务，也包括负责后期排水、供暖系统搭建的工人。

（7）材料商。顾名思义，材料商是为建筑行业提供建筑物料的主体，包括建造过程中所需要的一切材料，例如钢筋、水泥、混凝土等。不同材料都有相应的材料供应商。材料商是建筑行业的供应链。

（8）设备供应商。设备供应商是为建筑行业提供相应设备的主体，包括且不限于建筑设备、检测设备等。设备供应商也是建筑行业的供应链。

2.1.2 建筑业的三大特点

很多地方将建筑业划分到制造业这一门类，但与工业制造业相比，建筑业也有其不同之处。建筑业有三大特点。

1. 市场是分散的、复杂的

国内建筑企业数量众多，根据中国建筑业协会数据，截至 2022 年年底，全国有施工活动的建筑企业单位数量为 143621 个。

目前国内建筑业产业集中度低下，CR8 产业集中度从 2003 年增长至 2010

年20.4%的峰值后，从2011年起逐年回落至2013年的11.3%。借用著名产业经济学家植草益对市场结构的划分，我国的建筑业属于分散竞争型。

建筑行业是分散的劳动密集型行业。企业产能边界容易达到，缺乏规模效应，技术壁垒低，从而导致区域壁垒高，区域分割成为一种节省交易成本的自然安排，所以产生了"大行业小公司"的行业现象。

随着建筑业产业规模的持续扩大，传统基建投资增速趋稳。整体来看，行业过度竞争现象较为普遍，尤其在低端工程市场，竞争呈白热化态势，行业利润率较低。

同时，建筑行业市场又高度复杂，上下游产业、企业、价值链专业性都很高，对协同有很高的要求。

2. 产品是唯一的、个性化的

建筑行业最大的特点就是建筑产品的个性化，每一个建筑都是不同的，都是根据每个业主的需求设计出来的，不同的季节、不同的地域生产出来的产品也是不同的。

每一个产品都具有"高度独特"的特点，每个项目的地理位置、方案设计、进度计划乃至区域影响都不同。

建筑业不可能像制造业那样批量生产。而且建筑产品要服从各行各业的需要，外观和使用功能各不相同，形式和结构多变，规则性差，施工生产很难照搬以往的施工经验。那么，如何让唯一的、个性化的产品标准化呢？

建筑产品虽然是非标准化的，但是数字化的应用可以通过改变传统技艺，加上数字化手段构建建筑业数字化平台，将标准的工艺、工法、质量控制要点以及同类质量问题的处理方案等在大多数建筑施工中通用的要点元素，形成行业的大数据或数据库，最终可以用标准化的动作实现非标准化的建筑产品。

3. 员工队伍是多层次的、流动性的

建筑施工最大的特点是产品固定、人员流动。

任何一幢建筑物、构筑物等一旦选中了地址，开工兴建后就固定不变了，但生产人员要紧紧围绕它上上下下地进行生产活动。

建筑产品体积大，生产周期长，有的持续几个月或一年，有的则需要三五年或更长的时间。这就一定会导致在有限的场地上集中大批量的操作工人、施工机器、建筑材料等，这与其他制造业的人员固定、产品流动的生产特点有所不同。

建筑施工人员流动性大，不仅表现在一项工程中，当一座厂房、一幢楼房完成后，施工队伍便要转移到新的地点去建设新的项目。这些新的项目可能在一个城市的不同片区，甚至也有可能在不同的城市，施工队伍会在不同的地区之间流动。

改革开放至今，因为用工制度的改革，绝大部分施工人员是来自农村的农民工，他们不仅要随工程流动，而且要根据农忙、农闲时节调整流动，给安全管理带来非常大的困难。

同时，建筑行业又是一个需要各作业单位、各岗位高度协同的行业，既需要"人机料法环"全要素的协同，也需要施工方、建设方等项目参与方的协同，更需要设计、生产、施工等全过程各环节的协同，这给管理带来很大的难度。

2.1.3　建筑业的标准化管理历程

1. 规范化管理

以规范化管理为主要特征的企业管理标准化，包括公司制度文件汇编、企业管理手册等。

1949—1978 年，建筑业都属于国有经济，先后经历了计划经济管理、准军事化管理的阶段，直至改革开放以后，建筑业逐渐朝企业运营的方向发展。

1979 年 8 月，国务院批准了《关于基本建设投资试行贷款办法的报告》，这意味着我国基建领域的资金来源不再是单一的国家拨款。1980 年 4 月，国家正式提出赋予国有施工企业经营管理自主权。1983 年，建筑企业开始"利改税"；同年，建筑部发行了《建筑业改革大纲》，推行建筑企业承包责任制。

之后，建筑行业逐渐朝着企业管理标准化的方向发展。1983年，国家计委等部门联合发布了《基本建设项目包干经济责任制试行办法》，从建设规模、投资总额、建设工期、工程质量、材料消耗包干等方面，实行"责权利"相结合的企业经营管理制度。

根据国家的指导思想，很多建筑企业都有了完整的企业制度文件、员工管理手册、质量管理手册、项目管理手册等。

标准化管理提高了建筑业的效率。1984年，当时的中国第一高楼——深圳国贸大厦建成。深圳国贸大厦的建设做到了三天一层楼，被称为"深圳速度"。

国家也大力支持企业的标准化管理，出台了各种制度法规。

1981年，原国家标准局颁布了《工业企业标准化工作管理办法（试行）》。该办法对指导企业标准化工作发挥了积极的作用。

1986年，《国务院关于加强工业企业管理若干问题的决定》中要求企业"逐步建立起以技术标准为主体，包括工作标准和管理标准在内的企业标准化系统"。

1988年12月，《中华人民共和国标准化法》正式颁布；国务院于1990年4月颁布了《中华人民共和国标准化法实施条例》；随后，《企业标准化管理办法》等法规、规章也相继出台，我国标准化工作从此步入了法制管理轨道。

建筑施工属于高危行业，高危行业必然伴随着高要求、高标准。所以，国家建设部在原有标准基础上，增加了"GB/T50430-2007《工程建设施工企业质量管理规范》"，以更严格地规范建筑施工行为。

2. 质量管理

以质量管理为主要特征的企业管理标准化，包括ISO 9000标准、健康安全和环保认证等。

第 2 章
国内建筑业数字化应用的发展历程

20 世纪 70 年代，受石油危机影响，当时的制造业面临很大的挑战。为了应对这些挑战，一些组织开始关注质量管理，并寻求建立一套通用的质量管理标准来提高产品质量和竞争力。制造业兴起了一场以质量管理为主要特征的企业管理变革。

很多企业都建立了在质量方面指挥和控制组织的管理体系（Quality Management System，QMS）。质量管理体系是组织内部建立的、为实现质量目标所必需的、系统的质量管理模式。

与质量管理相关的一个最广泛的标准就是 ISO 9000，是指由国际标准化组织（ISO）发布的一系列质量管理体系标准。

1986 年，ISO 发布了第一个质量管理体系标准：

ISO 8402《质量管理和质量保证——术语》。

1987 年相继发布了：

ISO 9000：1987《质量管理和质量保障标准——选择和使用指南》；

ISO 9001：1987《质量体系——设计/开发、生产、安装和服务的质量保证模式》；

ISO 9002：1987《质量体系——生产和安装的质量保证模式》；

ISO 9003：1987《质量体系——最终检验和实验的质量保证模式》；

ISO 9004：1987《质量管理和质量体系要素——指南》。

以上标准被统称为 ISO 9000 系列标准。

随后该系列标准经过多次修改，形成了今天的 ISO 9000 族标准，至今仍在各行各业使用，当然也包括建筑业。

在此标准基础上，不同的行业又制定了相应的技术规范，如 IATF 16949《汽车生产件及相关服务件组织应用 ISO 9001：2015 的特别要求》、ISO 13485《医疗器械质量管理体系用于法规的要求》等。

全世界范围内，英国建筑业最早采用 ISO 9000 标准。从 1991 年开始，英国国防部把公共工程以指名竞争方式发包给取得认定的建筑企业。

我国在 1988 年 12 月正式发布了等效采用 ISO 9000 标准的 GB/T 10300《质量管理与质量保证》系列国家标准。1992 年 5 月，我国决定等同采用 ISO 9000 系列标准，建筑业也不例外。我国建筑业从 20 世纪 90 年代开始使用 ISO 9000，步入质量管理阶段。如今，不少建筑行业都会进行 ISO 认证，主要包括 ISO 9001 质量管理体系、ISO 14001 环境管理体系、ISO 45001 职业健康安全管理体系这三项认证。

3. 卓越绩效模式

以卓越绩效模式为主要特征的企业管理标准化，导入绩效管理、精细化管理等手段。

绩效管理从 20 世纪 80 年代开始就已经从西方传到了国内，但真正兴起是在 2000 年前后。从 2000 年算起，之后十五年，我国企业绩效管理实践大致经历了四个发展阶段，分别是 2000 年前后德能勤绩考核阶段，2002 年前后 360 度评估阶段，2003—2005 年目标 KPI 考核阶段，以及 2005 年到现在的战略绩效管理阶段。

在这一阶段，绩效管理开始逐渐体系化，很多企业都建立了标准化的绩效管理流程，实行严格的绩效考核制度；同时，很多企业也开始引入各种绩效管理工具和软件，如 KPI、平衡计分卡等。

新的管理工具一旦出现，就会迅速席卷整个企业界，建筑行业也不例外。建筑行业从 2000 年前后开始步入绩效管理阶段后，建筑企业也纷纷引进了绩效考核机制进行精细化管理。

4. 数字化

以数字化为主要特征的企业管理标准化，以管理标准化和信息化的"两化融合"为主要特征，形成数字化的管理员标准手册。

企业管理数字化是近十年来显著的社会特征，在各行各业都如火如荼地进行着，建筑行业也不例外。

企业管理数字化不只是把纸质的文件表格变成线上数据，它还利用数字技术，将生产经营环节乃至整个业务流程的物理信息链接起来，形成有价值的数字资产，通过数据的整合、归类、计算等为商业赋能，从而助力企业管理效率提升和利润增长的过程。

美国云基础设施平台独角兽HashiCorp,Inc.（HCP）创始人Mitchell说，凡是企业内需要人重复做两遍的事，那都得用程序来代替。企业管理也是如此。数字化让企业管理流程更加清晰简化、沟通反馈更加及时、信息共享更加畅通透明、各部门岗位协作更加流畅简单、应对环境更加敏捷。

我国大力提倡企业管理朝着数字化方向发展。2020年9月，国务院国资委印发《关于加快推进国有企业数字化转型工作的通知》，提出要促进国有企业数字化、网络化、智能化发展，探索建设敏捷化的新型数字化组织，推动面向数字化转型的企业组织与管理变革，统筹构建数字化新型能力。

2020年12月，工业与信息化部发布《工业互联网创新发展行动计划（2021—2023年）》，在"新型模式培育行动"中提出"实施数字化管理，推动重点行业企业打通内部各管理环节，打造数据驱动、敏捷高效的经营管理体系，推进可视化管理模式普及，开展动态市场响应、资源配置优化、智能战略决策等新模式应用探索"，把数字化管理作为未来三年工业企业的一项重要举措。

企业管理朝着数字化方向发展，并且越来越深化，是当下发展的大趋势。相对于互联网等行业，建筑行业企业管理数字化起步较晚，目前已经有了管理标准化和信息化的"两化融合"，也有了数字化的管理手册和数字化的在线管理平台。未来，建筑行业的企业数字化管理还将进一步深化。

2.2 国内建筑业数字化应用的发展历程

实际上，1980年前后，建筑业就已经进入信息化阶段，以计算机辅助制图和信息化导入为主要特征，但直到进入21世纪，国内建筑业数字化应用才开始真正起飞。

2.2.1 建筑信息模型阶段（2000—2020年）

2000年之后，特别是2006年前后，建筑行业出现了一项重大变革，那就是建筑信息模型（BIM）的引入，这是建筑产业数字化发展的重要里程碑。

BIM模型于2006年前后引入国内，到了2009年，BIM开始形成一股热潮。2020年，国家出台了一系列政策，鼓励BIM应用落地，BIM进入了健康发展的快车道。

BIM技术通过数字化的建筑模型，将设计、施工和运营等各个环节进行集成，实现了全过程的信息共享和协同。BIM技术的应用不仅提高了建筑工程的设计质量和效率，还改善了施工过程的协调性和管理效果。

2.2.2 建筑全面数字化阶段（2020年后）

2020年后，随着互联网、物联网、大数据和人工智能等新一代数字技术的发展，建筑行业进入了数字化技术全面运用的阶段。

智慧建筑和装配式建筑开始在中国建筑产业崭露头角。

智慧建筑利用传感器、监控设备和数据分析等技术手段，将建筑与信息技术相融合，实现了建筑设备的自动化控制和智能化管理。

数字化技术的以虚映实，也在建筑行业得到广泛运用，装配式建筑开始成为热点。装配式建筑是指把传统建造方式中的大量现场作业工作转移到工厂进行，在工厂加工制作好建筑用构件和配件（如楼板、墙板、楼梯、阳台等），极大地减少了各种误差，降低了建筑成本。

2.3 建筑企业数字化战略的蓝图

建筑企业数字化战略是个系统性、体系化的工程，而不只是对数字工具的运用。要通过系统性数字化建设，以系统性手段解决系统性问题，打造数字化转型从规划到落地的闭环。

企业的数字化战略应以系统性数字化赋能业务为目标，打通集团、企业、项目、岗位四个层级，同时除了主价值链的数字化，还要兼顾上下游和支撑单位的数字化，如此才能取得好的成效（如图2-1所示）。

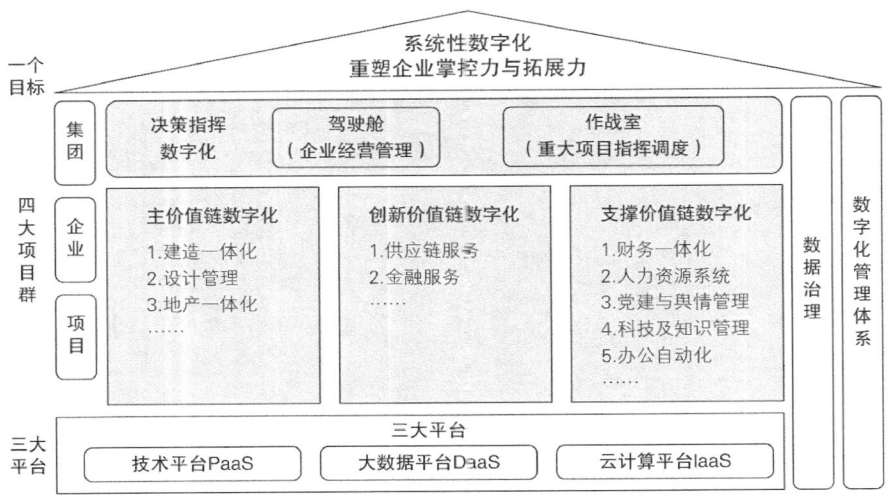

图2-1 建筑企业数字化转型蓝图框架

2.3.1 系统性数字化赋能业务是目标

数字化只是手段，而不是目的。企业进行数字化转型的真正目的是赋能业务增长、降本增效。要做到这一点，仅仅停留在技术层面对数字化的零星运用还远远不够，企业需要系统性数字化。

建筑企业的数字化发展往往受限于"碎片化"应用，在数字化应用时，往往只限于对工具和技术的运用，或者是某个点的运用（比如施工），局部的数字化还不够。建筑业需要用系统性的数字化来为行业赋能，从而实现行业数字化战略。

建筑业与其他行业一样，有点、线、面、体四个层次。"点"指建筑业有很多岗位；"线"指生产、商务、技术等职责清晰的业务线；"面"既指项目，也指人力、市场、财务等企业管理面；"体"指通过点、线、面相连接而构成的企业整体。

在数字化出现之前，从业者容易割裂地去看待行业问题，比如在管理时会把工程划分为设计、施工、物料等板块。

建筑行业的数字化转型，需要从业者跳出以往思维模式进行系统思考，将以往建筑业割裂的"点、线、面、体"四个层次有机整合，从而提升企业的竞争力。

1. 缺乏系统性是行业顽疾

建筑行业是一个需要高度协作的行业。其他制造型企业，无论是生产何种产品，不管是自己生产还是请人代工，地点、人员、物料都是固定的，大家都是同一家工厂的工人，彼此配合已经形成默契。建筑行业具有高度唯一性，每一个项目都是一次性的，是独一无二的，每一个项目的投资方、建设方、设计方、施工方、总包方、分包方、运营方、供应链及相关单位都是不一样的，大家可能都是第一次合作，一切都要从头开始。

建筑项目高度复杂，需要各参与方的高度协同，这就导致各参与方需要在整个项目过程中反复沟通、反复磨合。如果中途某个参与方换人，又要重新开始沟通、磨合等。这种现实情况导致建筑行业管理难度大、不可控因素多。在项目实施过程中，会有一系列意想不到的事情发生。很多时候，工程延期、工程返工、费用超支、物料浪费多、成本高等，都和这种系统性的协同欠缺有关。

不仅如此，建筑行业还存在信息高度不透明的情况。首先是组织内部既有上下级之间的信息不透明，也有跨部门之间的信息不透明，还有各协作单位之间的不透明。比如，一座桥梁的建造，工程项目可能处在一个地形复杂的山区，但项目又很大，有多标段同时开工，需要设计多个桥梁和隧道。如何管理这样一个项目？

如果把每一个标段、每一个作业组进行割裂化的管理，即便引入了数字化管理，建设方仍很难对项目有整体的掌控。因为不同的作业组可能来自不同的施工队，他们互相不认识，彼此信息并不透明，各自有不同的工作习惯、工作标准、汇报标准。他们汇报的情况要综合成一个整体去看，难度很大。更何况，不同的人有不同的性格和习惯。比如，有的人喜欢隐瞒问题，工作中遇到延期的问题，或者中途出现小故障，他认为不需要汇报，过几天自己就解决了。直到他解决不了时，问题才会暴露出来，但这时可能已经错过了最佳的处理时机。

正因为这种系统性协作的缺乏，以及信息无法在整个系统之间透明、顺畅地流动，所以建设方对项目的掌控力很低，任何干扰和意外都会导致项目产生延期、出错、故障、安全隐患等问题，给建设方带来巨大损失。

系统性数字化给行业带来破茧重生的契机。同时，数字化转型也必须一开始就从系统化的高度开展，才能更好地解决行业顽疾，为行业赋能。

2. 成功转型唯有系统性数字化才能破局

建筑企业的数字化转型绝对不是引进某项新技术、新设备，或者购买软件、搭建一个平台就能实现的，必须从战略的高度用系统性的方式去解决。

数字化转型是一项重大变革，任何变革在落地的时候都会遇到重重阻力，建筑行业参与方众多、岗位众多、利益关系错综复杂，倘若不能从系统化的高度开展设计，则很难成功落地。比如，某企业在几年前就开始着手数字化转型，但规划时各自为政，都只顾着自己的一亩三分地，部门之间缺乏协同，只考虑了自身管理，没有考虑上下游关系，导致规划无法落实。有的设备已购买，员工却不会使用；有的标准提供给协作方，协作方不认可，还是沿用原来的那套标准。直到企业从系统化的高度进行整体的数字化规划，由集团牵头成立专门的数字化转型小组，统一目标、统一规划、统一管理，明确每一个主要目标负责人和协作人员的责、权、利，让系统内的所有人变成一个有机整体相互配合，才取得了不错的转型成果。

我们当下所处的是一个高度变化的时代，也被称为 VUCA（volatile, uncertain, complex, ambiguous）时代。在这样的时代背景下，建筑行业只有以系统性数字化为手段、以提高对业务的掌控力与拓展力为目标进行数字化转型，方能具备对环境灵活应变的能力，提升企业的生存力。

2.3.2　打通企业四大层级

任何转型的开展都要打通四大层级：集团、企业、项目、岗位。集团制定政策和方针，企业出规划，项目承接集团和企业战略，岗位负责执行。只有这四大层级都做到位了，数字化转型才能成功落地。

建筑行业也不例外。首先必须是集团认可转型，从集团开始推行，在下面的企业试点，试点成功后，将经验推广到集团下的所有企业。企业通常会在管理层或者某个项目团队试点，再逐渐推广到整个企业，项目团队一开始可能是在某些数字化程度较高的技术团队试点，进而推广到所有岗位。

建筑数字化，需要在这四大层级分别打造"BIM+智慧工地一体化、项企一体化、业财一体化"，将生产要素和客户、项目、财务和人员等管理要素实现数字化整体运营。

1. 集团

从集团的层面来讲，集团是整个数字化转型的统筹方、把控方、协调方，对整个系统性的数字化转型负责。集团承担三大职责：决策指挥、企业经营管理总指挥、重大项目总指挥。

（1）决策指挥。

集团既是企业运营、项目运营的总指挥，也是数字化转型的总指挥，负责定框架、定系统、定目标、定策略。数字化转型必须是一把手工程，只有一把手认同，集团方发力，才有机会成功转型。比如，中国电建集团河北工程公司进行数字化转型，由集团牵头运作，建立了强大的组织保障。包括成立由集团领导班子组成的数字化转型领导小组，负责统筹、指挥、推进公司数字化转型中的所有重大问题；成立信息化管理部，专门负责企业信息化和数据的统一管理；成立职业经理人制度的信息技术公司，负责公司数字化业务实施和数字化课题研究。

集团层的决策和规划正确与否、集团层的支撑力度如何对数字化转型至关重要。一把手的工作做好了，数字化转型就成功了一半。很多企业数字化转型不成功，一个很大的原因就是集团层和一把手自己都没有明确转型策略，导致转型规划路线不明朗，甚至政策朝令夕改，最后只能不了了之。

（2）企业经营管理总指挥。

集团层是整个企业经营管理的最高层，是驾驶舱，不仅起着引领方向的作用，还发挥着企业协调调度的作用。

系统性的数字化转型必须实现信息的透明和高速流转，必须打通企业内部的一切壁垒，包括分公司之间的壁垒、各项目方之间的壁垒、各工种各作业单位之间的壁垒等。这个过程中一定需要无数次的碰撞和沟通，期间会有矛盾、阻碍，会出现种种问题，这些都需要集团方从全局高度去协调、统筹和调度，从而保障数字化转型的顺利进行。

（3）重大项目总指挥。

在数字化转型过程中，集团还要承担一些重大项目的指挥调度，在这个过程中，充分考虑上下游关系，考虑各利益参与方的需求，在实践中收集反馈、总结经验，至少也要打造几个数字化的样板项目。只有在实践中试错、总结、调整、优化，才能给出最优的数字化转型方案，满足各参与方的需求，数字化转型才能成功落地。

2. 企业

企业是数字化转型的实施主体，在建筑行业内，很多时候数字化转型集团只是给方针、给政策、给支持，而具体的实施都是由建筑行业企业各自完成的。

在数字化转型中，企业需要承担的责任更多，包括战略的落地也就是执行力、各部门岗位之间的协调、资源的调度、人才的需求、组织文化，等等。就企业层面来讲，只有这些方面全部做好，数字化转型才能成功落地。然而，建筑企业历来存在着几大痼疾：

（1）战略和执行脱节，数字化方针落地难。

制订了战略目标，提出了数字化转型的方案和规划，是不是就能在企业顺利落地呢？团队是否可以执行到位呢？这不仅需要领导具备相应的动员能力，也需要各级之间的流畅沟通，还需要制度的配合。

然而，建筑行业历来严重依赖"人治"，无论是制度，还是领导层的思维和能力都有所欠缺。比如，在汇报工作时，员工是否真的执行到位，汇报是否真实，很多领导无从判断。更有甚者，在某些地产公司，每年下发的规章制度很多，但几乎都沦为废纸，更不要说执行。

（2）各自为政现象严重。

部门和项目之间各自为政，各作业单位之间各自为政，这种现象在很多企业都存在，在建筑行业中，这个问题尤其突出。正如我们前面所讲，建筑行业的从业人员具有高度的流动性，这会导致很多从业人员心中只有自己的直系上司，根本没有全局观，也很难做到从全局的层面去服从管理。系统性的数字化转型需要打通上下级之间、跨部门之间、跨工种之间的一切障碍，然而在实际操作中，执行起来困难重重。

（3）缺乏相应的人才。

数字化转型需要相应的人才，不仅仅是技术人才，更缺乏具有数字化思维的管理人才。建筑行业信息不透明，人员关系错综复杂，对管理人才的要求很高，既要具备相应的沟通和协调能力，还要有耐心、有强大的魄力，这样的人才在建筑行业本身就比较缺乏。

人才的缺乏，特别是具备数字化思维和沟通辅导能力的中层管理人员的缺乏，也是建筑行业数字化战略落地时执行变样的重要原因。

（4）缺乏相应的文化氛围。

任何一项重大的转型变革，如果有相应的企业文化做支撑，那么阻力就会减小很多。越是具有开放、包容、创新文化的企业，越是凝聚力强的企业，新战略、新政策的落地就越容易。然而建筑行业由于人员流动性比较大，绝大多数企业存在企业文化沉淀不足的问题。尤其是近年来，建筑行业对年轻人的吸引力逐渐减弱，缺了这群最为活跃、有创新精神的人，很多建筑企业内部文化死气沉沉，推行数字化变革自然阻力重重。

面对企业层存在的种种问题，应该如何应对？以下是四个可执行的要点：

要点一：企业领导不仅要支持数字化转型的各项工作，还要起到引领作用，以身作则、亲力亲为，甚至要有动员、辅导下属的能力。数字化转型是一个需要不断摸索和尝试的过程，需要资源投入、不断试错、敢于担当，领导层能理解集团、企业和上司的方针，能把握好方向，还能准确地向下传达，这一点至关重要。面对人才的匮乏，一个最简单的办法就是从内部培养相应人才，缩短培养的周期。

要点二：构建更通畅的沟通渠道。在数字化转型过程中，要打通上下级之间和部门之间的壁垒，这需要很多沟通和磨合，企业要建立相应的沟通机制。

要点三：建立相应的制度保障，比如奖惩制度，对做得好的员工要给予奖励，做得不好的员工也要有说法，这样员工才会认真对待。

要点四：加强文化建设，建筑企业应以数字化转型为契机，建立起敏捷、活跃、创新的企业文化和氛围。

3. 项目

项目是整个建筑行业的最小经营单位，但也是建筑行业的主要收入来源。建筑项目是一个复杂的系统，需要有效连接各个要素，确保进度、质量、安全和成本四大方面。数字化转型的落地，有相当部分工作取决于项目层。

以往项目层面临以下三大难点：

（1）协同沟通难。

建筑项目具有高度的系统复杂性，特别是大型建筑项目的整体施工方案、工期规划及工程计划，操作起来很复杂。在制订计划时，会涉及不同的楼层、部位、多个不同的作业面，甚至涉及几十个不同的专业领域，还需要众多物料，每个专业领域至少有几十道工序，每道工序的顺利推进都需要其他工种的配合，还需要内外部的配合。

但由于以往的管理偏粗放型，制订的工序计划很可能存在某些不合理的地方，这会影响整个项目计划的科学性。尤其是建筑行业的高度不透明性，让内外部之间的协同也变成了一大难题。

在实操中，各方提交的计划经常有不同的标准和格式，很难对其进行汇总分析，对计划的准确性和部署的合理性也很难做出判断。

而且，由于施工总包方和各参与方通常是各自制订计划，没有事先沟通和协调好，常常有相互矛盾的地方。执行时就更是各自为政，很难从整体上去把控。

（2）调整纠错的成本高。

由于建筑项目参与方众多，且彼此之间缺乏了解和默契，因此在施工过程中，处理问题难度较大。

在每周的项目管理会上，各参与方通常只管自己的作业面，不会顾及全局。一旦发现问题，很难确定问题的根源，扯皮推卸责任的事情时有发生。

长此以往，不仅纠错的成本高，而且通常只能是单点优化、局部优化，很难从全局的角度进行优化。

（3）很难对突发情况进行预警。

在建筑项目实施的过程中，经常会遇到不可控性的突发变化。比如，突发高温、突降暴雨等极端天气等。这些都会对项目整体的工期、质量、安全及成本产生影响，甚至可能因为处理不及时酿成大问题，造成工期延误、成本超支，甚至重大的安全事故。

面对这些情况，如果可以从全局的角度进行把控，及时掌握动态发生的信息，那么就可以对很多可能出现的突发情况进行预警。

正因如此，项目层的系统数字化尤为关键。尽管当下很多施工现场都引入了数字化技术，"智慧工地"也成为一个热门话题，但是这些远远不够，建筑工程行业需要从系统性、全局性的高度进行数字化转型，加强对项目的把控力度。

4. 岗位

岗位层是整个数字化转型的基础层，也就是执行层。执行层实施到位，既是数字化转型成功的保障，也是检测数字化转型成功的标准。要想管好复杂的系统，必须在每个构成要素层面都做到精细管理，特别是岗位层。建筑企业的最小作业单元是工序，有成千上万道工序，每一道工序都对应着不同的岗位。数字化转型的成功落地最终还是要落到每一个岗位上。

当下正在提倡通过数字化转型，实现建筑行业的精细化管理，那么什么是建筑行业的"精细化"？从各岗位的层面来讲，至少需要做到各岗位明确自己的职责、工作标准、工作流程、交付要求。比如，设计专业的人知道精确的设计标准；操作层面的人明确详细的工艺工法，包括配套工序和配套工作的保障等；所有人都知道交付标准，比如对进度、质量、安全及成本等的要求；也要知道验收标准，比如明确时间、方式、指标、责任人等。

倘若每一个岗位、每一道工序都能严格按照设计要求、工艺工法实施作业，那么最后的结果通常不会与要求相差太大。就算中途有问题，也能及时纠正，避免出现重大损失。

但当前的情况是，建筑行业管理较为粗放，岗位层的精细化管理十分欠缺，行业的标准化程度较低，很多企业没有明确的岗位作业标准，经验传承主要靠传帮带，精细化程度较低。

此外，企业界流传着这样一句俗语："员工不会看你想要他做什么，他只会看你检查什么。"对岗位层的要求要想执行到位，就必须配套相应的奖惩措施。但问题的关键是，建筑行业工序众多、人员众多，工作繁杂，奖惩措施很难实施。

系统性的数字化转型，岗位层十分关键，不可或缺。如果不解决建筑行业在岗位层存在的这些现实问题，数字化转型必然很难落地和执行。

2.3.3 连通所有利益参与方的全面数字化

要想从系统的高度实现行业数字化，需要打通建筑业的各个环节，使之真正实现互联，让数据可以在建筑的全过程中流转，为行业赋能。从建筑行业的生命周期、参与主体以及建筑行业的价值链来看，需要将以下四大链条实现数字化转型，分别是：决策指挥、主业务链、外部上下游价值链、内部支撑链。

1. 决策指挥数字化

这里的指挥决策，跟上述我们所讲的集团层面的指挥决策有些不同。这里的指挥决策是针对项目而言，通常由建造方来行使决策指挥的权力和职责。

在项目开展之初，建造方需要对项目的规划、实施、运营进行决策。在项目实施过程中，建造方要把控全局，对项目从整体上进行统筹、协调和推进。

将数字化技术运用于建筑项目的决策和指挥，可以让决策指挥更加有的放矢，避免决策与现实脱节，而且可以最大程度地减少错漏和误差，保障项目的顺利进行。

2. 主业务链数字化

在建筑行业中，"价值链"是隐藏在业务流程背后的概念，是工程项目流程对价值目标的影响程度的抽象表示。

建设工程项目价值链是建筑的全生命周期中所有创造工程项目价值的活动和连接它们的各种"纽带"的集合，它不是简单的各价值之间的叠加，而是一个系统。

建筑项目参与方众多、关系复杂，相对于普通的工业型企业，建设工程项目有其特殊性，不能视为某一个"企业'的产品，而是一些"企业"联合生产，围绕工程项目展开业务活动。前后有项目开发（建设方）、项目规划（咨询方）、项目融资（投资方）、项目设计（设计院）、项目施工（承包方、劳务方、设备商、建材商）、项目收尾（监理）、项目运营（运营方）、项目移交（客户）八大环节和八大价值主体，这八大环节和主体，构成了工程建设行业价值链（如图2-2所示）。

主价值链的数字化通常是指建筑项目本身的数字化，包括策划、设计、施工等环节。建筑行业的数字化往往也是从主价值链开始的，如今设计和施工领域的数字化已经被行业接受，并越来越普遍。

3. 外部上下游数字化

建筑企业的数字化不可能脱离整个行业环境，也要依托上下游价值链的数字化，包括供应链、投融资等，这需要上下游的协同和配合。近些年来，建筑行业上下游企业的数字化正在如火如荼地进行，数字化采购平台比比皆是，这为建筑行业的数字化转型打下了良好的基础。

第 2 章
国内建筑业数字化应用的发展历程

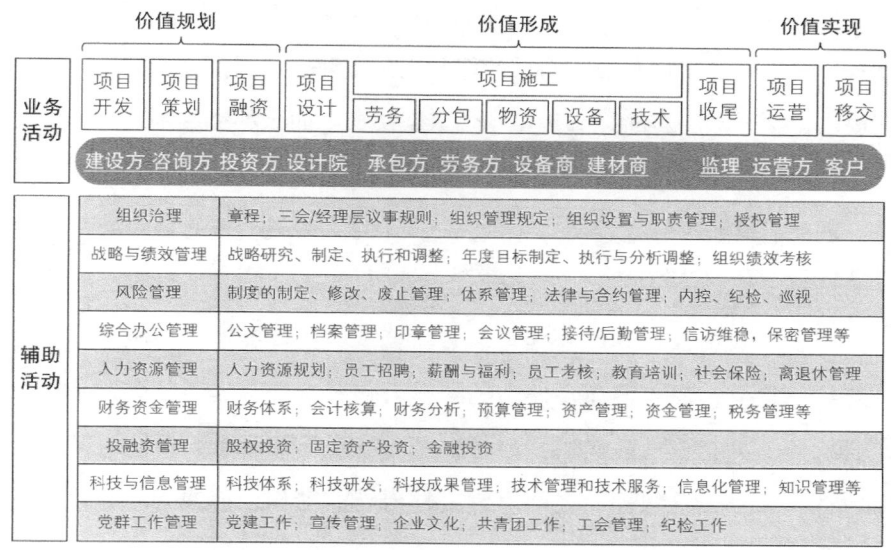

图 2-2 工程建设行业价值链

4. 内部支撑部门数字化

建筑企业的内部支撑部门，包括财务、人力资源、营销等，他们虽然不能直接为项目创造价值，但他们处于项目的支撑方，支撑方的工作对项目工程的顺利开展影响很大，因此也要纳入数字化转型的范畴。

2.3.4 三大平台

企业的数字化转型离不开中后台的支持、基础设施和平台的支撑，建筑行业也不例外。企业数字化转型的理论层面涉及很多技术用语。

对于企业而言，并不需要了解太多技术用语，但有一些涉及业务框架搭建的专业用词，仍需要企业家或者管理层掌握。

企业数字化转型的基础是云计算产业的发展，没有云计算，企业数字化的场景就难以实现。云是一个技术用语，但对普通人来说，我们只需要了解：

云是一种服务、一种资源，就像使用水、电、煤那样按需使用、灵活付费。只不过水、电、煤是实物资源，而云计算的资源是动态扩展且虚拟化的，通过互联网提供。水、电、煤的终端是每一个家庭用户，而云的终端则是每一个企业用户。用户无须知道云的原理和细节，也不必具有专业的云技术知识，只要关注自己到底需要购买什么类型的云资源以及从哪里获得这种服务就可以。

云计算主要分为公有云、私有云和混合云。

公有云一般由云计算厂商构建，面向公众、企业提供公共服务，并且由云计算厂商运营，像我们通常使用的阿里云就属于公有云。私有云是指由企业自身构建，为企业内部提供云服务。企业有自己的私有云，同时又购买了公有云计算服务，这两种云之间形成一种内外数据相互流通的状态，就是混合云的模式。

一个完整的云计算环境由云端、计算机网络和终端三部分组成，云计算按照服务层次可以分为：IaaS、PaaS、DaaS。

1. 基础架构 IaaS

IaaS 全称为 Infrastructure as a Service，是基础架构层。

这一层是通过数字化的技术手段，动态化地将 IT 基础资源（计算、网络、存储）聚合形成资源池，它是计算能力的集合，包括大数据的采集和计算。

这一层终端用户（企业）可以通过付费购买获得自己需要的资源，不需要自己建设这些基础设施。

2. 技术平台 PaaS

PaaS 全称为 Platform as a Service，即平台服务层。

这一层除了提供基础的计算能力，还具备业务的开发运行环境，可以为用户提供包括应用代码、SDK、操作系统以及 API 在内的 IT 组件，供个人开发者和企业开发者将相应功能模块嵌入软件或硬件，以提高开发效率。

简单地讲，企业的 IT 人员在开发数字化系统时，有些模块不必自己从头开发，直接从 PaaS 找到现成的模块嵌入就可以。

对于企业而言，这一层的服务可以为其 IT 开发提高速度和降低成本。

3. 大数据平台 DaaS

DaaS 全称为 Data as a Service，是数据服务层。

当论及大数据时，经常涉及"数据孤岛"这个词，只有将无数个"数据孤岛"打通，形成数据海洋，才是真正的大数据，也只有这样的大数据，才具备应用的价值。

这些海量的大数据可以通过专业挖掘与整理、分析，形成对我们有用的数据，这就是 DaaS 的内涵。

2.4 建筑企业数字化转型的三个基本方向

建筑企业数字化转型包括企业管理数字化、项目建造智能化、产业生态互联网化三个方向。成功的关键是打通产业链、供应链、服务链上下游企业，打造共生的企业数字化转型生态系统，包括大数据、云计算、物联网、区块链、数字孪生、BIM、VR、AI 和 5G 等新技术的融合与贯通等。

2.4.1 企业管理数字化

建筑企业一般规模庞大、成员单位众多、产业结构复杂、地域分布广泛、施工环境艰苦、数据流通难，企业管理者难以及时、动态掌握各工程项目的运营信息，无法实时监控整个集团的运营状况及预测项目潜亏情况。

1. 企业管理数字化的好处

通过大数据的技术支持，企业可以广泛运用量化管理技术，将许多复杂多变的信息转变为可以度量的数据，如利用计算机、人工智能等手段量化管理对象与管理行为，并建立一套整合的、支持领导决策的数字化管理系统，充实完善企业的人、财、物、供、产、销及技术、质量、图像、声音等方面基础的数据库信息，保障基础数据的准确性、完整性，为管理者提供决策依据。

数据化管理系统能够及时、准确地反映企业的经营生产活动，指出企业生产、经营中的矛盾所在和需要解决的问题，自动地分析影响企业生产、经营的几个主要因素，并给出合理性的建议。各级管理人员通过数据化管理系统充分获取并深入利用各方面信息，强化对业务的掌控能力，能够实现事前预测与事中有效控制。基于充分共享的信息，企业内部各业务单元与职能部门之间实现一体化运作，企业与合作伙伴、供应商之间高效协同，形成产业链优势，从而能够快速应对市场变化，高效满足客户需求。

2. 建筑企业实现管理数字化的关键

经过过去二十年的信息化建设，建筑企业形成了种类繁多的大型应用，由于顶层设计缺失与信息化发展历史等原因，造成了碎片化应用，导致了建筑企业内部在信息化建设中所经历的阵痛：每个应用系统都有自己的数据，与组织结构的竖井相辅相成，逐步形成了"信息孤岛"。

建筑企业需要实现数据内部打通，实现数据在集团总部的同步，使各层级之间的数据保持一致。

从内部管理角度来看，建筑企业在组织结构上多为控股或全资子公司、分公司、项目经理部多组织并存，点多面广，需要从质量、安全、成本等多方面实现集团管控，通过信息化的手段，由原来的事后分析，转变为事前预测、事中过程控制，体现业务发生的真实性、及时性，实现集约化管理。从外部环境来看，国家也会逐步加强对行业的监管，未来更需要在把好质量关、保证施工安全的基础上达到控成本、要利润，实现可持续发展。

2.4.2 项目建造智能化

什么是智能建造？

《2016—2017年中国智能制造发展蓝皮书》将智能制造定义为：基于物联网、大数据、云计算等新一代通信技术与先进制造技术的深度融合，贯穿于设计、生产、管理、服务等制造活动的各个环节，具有自感知、自学习、自决策、自执行、自适应等功能的新型生产方式（如图2-3所示）。它可以有效降低企业运营成本，缩短产品研制周期，提高生产效率，提升产品质量，降低资源、能源消耗。智能制造系统架构涉及产品生命周期、系统层级和智能功能三个维度：

- 产品生命周期由设计、生产、物流、销售、服务等一系列相互联系的价值创造活动组成。
- 系统层级涵盖设备层、控制层、车间层、企业层及协同层。
- 智能功能包括资源要素优化、系统集成、互联互通、信息融合应用。

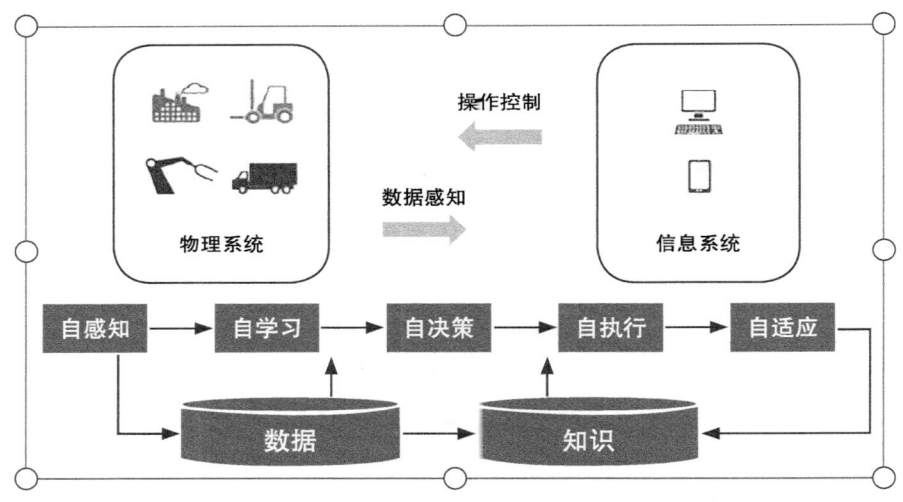

图 2-3 智能制造新型生产方式系统

智能建造这个概念和智能制造有些类似。智能建造是指在建造过程中充分利用智能技术和相关技术，通过应用智能化系统，提高建造过程的智能化水平，减少对人的依赖，达到安全建造的目的，提高建筑的性价比和可靠性。

也有学者将之定义为"以建筑信息模型、物联网等先进技术为手段，以满足工程项目的功能性需求和不同使用者的个性需求为目的，构建项目建设和运行的智慧环境，通过技术创新和管理创新对工程项目全生命周期的所有过程实施有效改进和管理的一种管理理念和模式"。

智能建造涵盖建设工程的设计、生产和施工三个阶段，借助物联网、大数据、BIM 等先进的信息技术，实现全产业链数据集成，为全生命周期管理提供支持。

1. 为什么说智能建造是大势所趋

智能建造能有效发挥信息共享和集成优势，促进装配式建筑的各专业、各环节、各参与方响应国家发展规划要求，参与信息化以及建筑工业化的变革。

（1）以智能建造推动生产效率变革。

在工厂与项目方面，探索应用智能装备，以智能建造为使命，不断改进生产工艺，提升工厂的机械化、自动化水平，率先将 BIM 和人工智能应用在工厂中，通过科学的手段优化管理和生产流程。

（2）以智能建造推动管理模式变革。

以数字化、智能化技术为手段，拓展总体趋势与问题研究。创新在线化管理模式，解放脑力工作者，强化工厂工艺流程标准与现场项目管理规范，提高管理均质化、精细化水平。

（3）以智能建造推动建筑品质变革。

立足建筑行业各专业的信息同步、协同及各板块间的离散数据整合，使项目各参与方时刻掌控设计、构件生产及施工进度，及时对接工作任务，有效管控生产安全以及建造质量，提高交付质量，改善市场形象，提升履约水平。

2. 如何推进智能建造

尽管智能建造符合当前行业整体发展趋势，也取得了不错的成效，但整个行业存在的难点、痛点问题依然不少，比如一些装配式建筑不"装配"，一些建筑工业化项目体现不出"工业化"。新型建筑工业化的目的是要实现系统化集成化设计、工业化生产、智能化建造、产业化发展，但因一些技术体系还不够完善，整体性设计和系统性设计较为缺失，加上一些地方存在"唯预制率""唯装配率"现象，从而导致社会评价不佳，也需要引起行业的重视。

（1）实现数字化设计领先。

智能建造要从前端的设计阶段开始，才会有后面建造施工过程中各个数据资源的采集。因此，需要打造BIM一体化协同工作方式，打通工程管理链条，实现信息快速共享。

（2）实现工厂智能化生产。

智能化生产与智能建造联系紧密，可以让工厂直接读取数据并生产构件。工厂实现了机械化，物联网技术与机械化、智能化制造技术的深度融合，将数据信息直接导入生产制、构件查询、构件库存和运输的信息化管理，可以实现生产全流程机械化、自动化、智能亿，尽可能减少人工干预。

（3）进一步发展智慧化施工。

智能施工可以先从智能设备开始，让某一部分率先实现智能化。进行质量、人员、进度、合约、成本等全过程全要素管理，并进一步发展为从数字化、在线化到智能化的技术升级，使工地实现技术升级、工作互联、信息共享。此外，要进一步普及智能移动终端的应用，推进智能技术在施工现场环境保护、能耗监测和建筑垃圾管理中的应用，通过多方智能建造协同平台进行重点工程建设的管理。

（4）全力打造建筑产业互联网平台。

建筑产业互联网是新一代信息技术与建筑业深度融合形成的关键基础设施，是促进建筑业数字化、智能化升级的关键支撑，是打通建筑业上下游产业链、实现协同发展的重要依托，也是推动智能建造与建筑工业化协同发展的重中之重。要加快打造建筑产业互联网平台，推进工业互联网平台在建筑领域的融合应用，开发面向建筑领域的应用程序。

2.4.3　产业生态互联网化

随着数字化转型的不断深入，互联网正从消费互联网向产业互联网转变。《中国产业互联网生态发展报告》显示，到 2035 年产业互联网生产总值将占我国 GDP 的 21% 左右。

建筑业的数字化转型升级，其中一项就是要建立建筑产业互联网平台，实现产业互联，促进整个行业的发展。

1. 建筑产业生态互联网

"生态"这个词大家都不陌生，在数字经济时代，人们经常谈到"生态"。数字时代的互联互通，让企业与企业之间、上下游之间，甚至行业与行业之间的联系更加紧密，在传统经济下风马牛不相及的企业，在数字经济时代可能会发生各种意想不到的连接，进而有了共享、合作和共赢。这就是生态和互联。

建筑产业互联网是将机器、原材料、数据信息系统、产品以及人之间通过数字化技术和网络技术实现互联互通，在此基础之上，通过对建筑产业大数据的全面深度收集和挖掘、实时传输交换流通、智能化高效处理和建模分析，从而实现供应采购的数字化、设计的协同、智能生产、智能施工、智能运维等。业内还提倡将建筑产业互联网与工业互联网融合，在全产业链实现良性的生态环境，从而促进整个行业的发展。

2. 建筑行业产业链的组成部分

建筑行业产业链包括五种业务形态：规划、勘测设计、建筑施工、采购、运营维护。这五种业务形态连接着不同的主体，比如勘测设计连接着各种设计院，采购连接着各种工厂和建造商，建筑施工连接着各种工程企业。建筑行业产业链由这些独立的不同企业构成，各参与方企业之间通过供应关系、业务关系或者技术产生联系，以共同完成一项工程为目标，通过资源与能量的交换，共同推动项目的顺利进行。

政府、建筑单位、设计单位、中介公司、高等院校、服务公司等单位，在传统的行业公司是有边界的，每个单位都围绕自己的组织利益发展。而在数字化时代形成的生态圈，产生了新的角色，未来是一个大格局，生态圈组成的各成员单位都围绕一个个项目完成。

建筑企业在数字化转型时，不能只依靠一家企业，而是要考虑到整个产业链和生态。充分整合内部资源的同时 还要适度拓展上下游业务，提升全产业链一体化的能力，将各参与方连接成一个整体，做到互联互通，实现产业链共赢（如图2-4所示）。

图2-4 建筑行业产业链

广义上讲，建筑产业生态圈除了包括整个共生系统中的各个组织或企业，还包括科研机构、融资机构、政府部门等，它们也为整个系统的顺利运行提供了技术环境、金融环境、政策法律环境的支持。

建筑行业要以数据为核心，打造工程全生命周期平台，增强过程数据全面管控与赋能增值，提升各业态全产业链的管控、集成与贯通。通过打通各类业态的信息系统，实现全产业链的数据贯通，实现产业链共赢（如图2-5所示）。

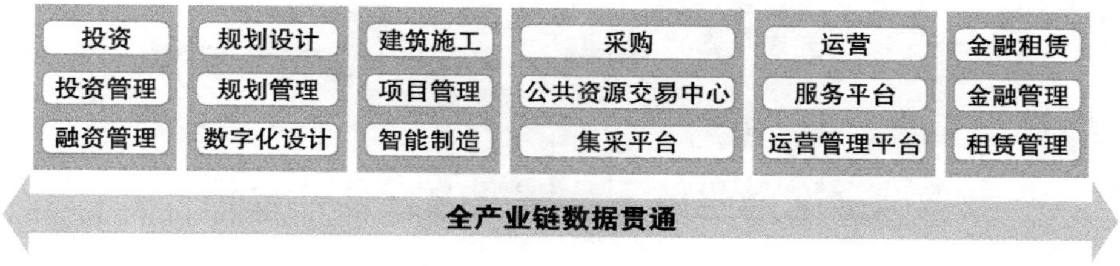

第 2 章
国内建筑业数字化应用的发展历程

投资	规划设计	建筑施工	采购	运营	金融租赁
投资管理	规划管理	项目管理	公共资源交易中心	服务平台	金融管理
融资管理	数字化设计	智能制造	集采平台	运营管理平台	租赁管理

全产业链数据贯通

图 2-5　建筑行业全产业链数据贯通

2.5 建筑企业数字化转型的三个"再造"

2.5.1 商业模式再造

数字化技术的普及已经深刻地改变了企业经营方式，它意味着将传统的业务流程和商业模式融入数据技术，以实现更高效、灵活和创新的经营方式。

随着数字技术的发展，企业开始采用数字化技术来优化其商业模式，以适应变化的市场和消费者需求。

1. 数字化如何改变商业模式

数字化技术对企业商业模式的影响主要体现在五个方面。

（1）新的商业模式的出现。

数字化为企业打开了全新的商机，比如，共享经济模式兴起。通过数字平台将资源与需求进行匹配，实现资源的优化配置与高效利用，极大地改变了传统行业的格局。

京东作为中国最大的B2C电商平台之一，经历了数字化转型后，成功地从传统的电商模式向供应链服务商转型升级。京东通过自建仓储、物流网络，基于大数据分析和人工智能技术，为供应商和消费者提供全方位的供应链解决方案。这一转型使得京东的商业模式更加灵活和富于创新，提升了企业的竞争力。

西门子是著名的工业自动化和数字化解决方案提供商。在数字化转型中，西门子从传统的产品制造商转型为以数字化技术和解决方案为核心的企业。

第 2 章
国内建筑业数字化应用的发展历程

通过构建智能化的工业生态系统,西门子致力于为客户提供全方位的数字化解决方案,助力客户实现生产效率的提升和成本优化。

(2)数据驱动的运营决策。

数字化使企业能够从大数据中获取更多有价值的信息,进而进行精细化的市场定位和运营决策。通过对消费者行为、市场趋势等数据进行分析和挖掘,企业能够更精准地预测市场需求,提高产品研发和营销的效率和精确度。

(3)优化商业模式。

数字化技术为企业提供了更广泛的机会,以便企业能够通过创新和数字化转型实现更好的发展。这些技术包括人工智能、大数据、物联网、云计算等,可以使企业更好地了解和满足客户需求,优化生产流程和供应链,改进产品设计和营销策略。

(4)提高生产率。

数字化技术还可以提高企业的效率和生产力。这些技术可以通过自动化和优化各个环节的流程,减少人力成本和时间成本,同时提高产品质量和服务效率。比如,机器人技术可以在生产流程中代替人力,并减少错误率和废品率。自动化的客户服务系统可以减少客户等待时间,并提高客户满意度。

这自然会重构商业模式,企业原来的商业模式将大量的精力和资源都放在人力环节,必然会得到调整和改变。

(5)跨界合作与创新。

数字化打破了传统行业的壁垒,促进了不同行业之间的合作和创新。企业可以利用数字技术将原本分散的产业链条进行整合,形成全新的商业生态系统。比如,阿里巴巴通过数字化转型,在电商领域探索了物流、金融、文化娱乐等多个领域的跨界合作,实现了商业模式的全面升级。

2. 建筑业商业模式再造的两种类型

数字化出现后,建筑业的施工方式没有大的改变,最终交付物没有变化,使用方式也没有变化。

然而，工程建设行业底层的业务交付方式和产业协同方式却正在发生一场无形的变革。

在工程科技生态系统蓬勃发展的今天，工程建设行业出现了新的竞争者，老牌公司也在积极地寻求改变。企业具体的战略动作分为两种类型。

一是融合性业务创新，企业结合数字化技术创造出的新商业模式、服务或产品。

二是数字化思维碰撞，企业针对数字化思维、文化能力开放式创新系列措施。

比如，浙江建工以工地为研究对象，把工地的要素划分为工地人员、物资材料、机械设备、施工场地、智慧项目管理等。通过集成和数据接口的思路，研发配套智能工具，基本实现信息采集"0"输入，并将市场上主流软硬件厂商和自主研发的智能软硬件所提供的数据进行集成，为施工现场岗位工作人员提供所关注的数据及功能，解决了生产一线痛点、难点问题，提供了一套"智慧+互联+协同"的平台，突破了行业壁垒，让各应用场景及智能工具从零散杂乱转变为实时可控，为项目节约了成本，创造了经济效益。

此外，一些工程承包商对产业链进行整合并提供增值服务、房地产投资开发、深化设计到生产的一体化流程以提高项目效益，是比较常见的几种创新做法。一些走在前列的企业会把建筑工业化和基于制造和装配的设计（DFMA）作为转型的核心战略。一些企业打造了完整的技术路径进行预制构件或模块化的设计、生产及交付，如 DPR、保富集团、荷兰皇家 BAM 集团以及 MACE 等国外公司都是在这个赛道上成功实现转型的企业。它们或是在企业内部成立独立业务线，或是与其他企业进行合资成立新的实体，建筑工业化是这些企业商业模式转型之旅的开始。

还有一些企业建设自己的数据平台，并尝试围绕数据创建新的生态系统。它们与技术公司合作，定制解决方案并开发新的产品服务，形成新的商业模式并创造新的价值。一些企业希望从项目建设方与服务提供方转变成平台创造者及生态资源集成者，法国布依格集团、日本大和房屋集团、西班牙法罗里奥集团、印度拉森图博公司等企业都在朝着这个方向快速发展。它们本身就拥有多元化的商业模式，进一步的挑战在于如何在新旧商业模式中建立起协同效应。

总之，数字化转型已经成为不可避免的趋势。企业需要进行数字化转型以适应市场和消费者需求的变化，并探索新的商业模式和机会。在数字化时代，企业要不断创新和持续改进，更加注重客户需求和体验，以保持竞争优势并实现商业成功。

对于那些尚未开始数字化转型的企业来说，数字化转型将是重新审视其商业模式的好机会，还可以探索新的机遇和领域。这可能涉及更改产品和服务的设计和交付方式，重新定位市场和客户，以及重新构建组织和文化。

2.5.2 组织模式再造

企业组织架构是公司战略落地的工具，向战略落地相关业务、数据、应用、技术等方面看齐，并使之协调一致，最终通过启动具体的项目来开展具体的建设（如图 2-6 所示）。

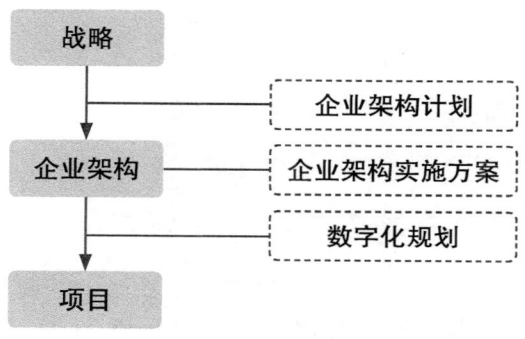

图 2-6　企业组织架构示意图

企业数字化转型本质上是基于数字技术的组织重构，是人的转型。企业从信息化到数字化，需要从人的转变开始，从组织架构调整、企业文化来做全方位的组织变革。

1. 数字化赋能组织结构再造

数字化对组织结构再造的赋能，主要表现在五个方面。

（1）产品服务的数字化带来人才结构变化。

数字化首先会带来产品本身的数字化，建筑行业出现了智能家居等全新产品，还出现了智造师这样全新的职业。

服务的数字化使得原来接听电话的客服变成了线上客服，甚至变成了机器人客服，原来的客服岗位可能消失了，取而代之的是"社群管理、线上会员群管理员"这样的新职位。

就部门而言，可能有些部门的比重会下降，而有些部门的比重会上升。比如传统销售部门的比重被大大压缩，而新营销部门、新媒体部门的比重会大大提升。

这种由数字化带来的人员结构的变化、岗位的变化、部门的变化，必然倒逼整个组织结构发生改变。

（2）内部流程再造。

数字化是一场流程再造，是组织变革，它产生的效果一定是三分技术、七分组织，技术带来30%的回报，而70%的回报则是通过组织变革、流程再造、生产关系改变带来的成效。

数字化导致产品和服务都发生了变化，消费者的需求也发生了变化，这必然会导致企业的内部流程也要进行相应的改变。

比如，传统企业处理投诉的流程是，企业接到客户的电话，再层层向上级反馈，上级做出决定，再层层向下反馈，然后电话反馈给消费者，这个过程可能长达几天甚至几个月。然而在当今商业环境下，客户根本没有耐心等待那么长时间，他们希望可以马上得到处理结果。在这种情况下，企业必须改变原来的流程来适应消费者的变化。

数字化必定会倒逼企业流程再造,同样地,数字化可以助力企业流程再造。用数字化为企业赋能,简化流程,提高响应速度,是企业在当今环境下商业取胜的关键。比如,数字化软件帮助我们内部流程线上化,沉淀数据,帮助改进流程,包括人力资源、财务、RPA 各方面的应用。

(3)全过程透明带来组织结构的扁平化和平台化。

由于数据全都透明可视,因此带来的变化是管理职能和决策方式的改变,是组织生产关系的改变。数据呈现透明可视带来了管理变革和效率提升。

大多数企业采用数字化改革组织结构时,除了设置公司级、部门级的数字化转型办公室,统领数字化转型进程之外,企业通常会将传统的层级式的组织机构进行重组,实现公司治理的扁平化。此举一方面可以降低沟通成本;另一方面,扁平化的组织架构鼓励内部跨部门合作,有利于打破公司内部的部门墙,打造公司效益增长的"第二曲线"。

扁平化组织天然就与数字化的商业环境更加契合。与传统层级式的组织结构相比,扁平化的组织结构更加适应外界多变的市场环境与碎片化的用户需求,各部门之间的协调也为商业模式创新奠定了坚实基础。从服务链条来看,扁平化的组织方式压缩了传统组织架构中的不必要环节,使得扁平化的小组可以直接对最终目的负责,增强了团队的使命感。

而且,数字化组织具有动态性,体现在具体项目中就是具有多元知识和背景的团队可以动态地组合。从实践来看,在数字化组织建设较为成熟的行业和公司内,以协同化的数字化工具作为"桥梁",围绕目标自主、动态地组合,这种自下而上的组织变革,不断为业务发展赋能,成为推动企业打造数字化时代的"第二增长曲线"的关键。

建筑行业也是如此,比如 BIM 强调协同,而数字化的组织结构更加透明,反馈更及时,更能体现协同性。

（4）渠道的数字化转型。

当今商业环境下，渠道和营销模式都发生了颠覆性的变化，以往的多级分销被平台替代，以往"先生产，后销售"的模式，变成了"先销售，后生产"，"定制化""预售"等商业模式已经屡见不鲜，建筑行业也有不少类似的例子。

在这种情况下，企业必须改革组织结构来应对这种渠道和营销模式的变化，企业需要变得更加灵活和敏捷。很多企业的数字化转型是从数字化营销切入的，可见渠道转型的重要性。

（5）产业互联网。

数字化还带来了上下游产业链的变化，优秀的企业懂得运用数字化来赋能自身，用生态赋能的概念去做产业互联网，去联通、赋能上下游。

2. 组织结构再造影响数字化转型成败

反过来讲，组织结构的再造也会影响整个数字化转型的成败。在数字化转型的过程中，组织结构的再造是不可或缺的一环。

很多类型的企业特别是建筑行业的企业以大型居多，其内设部门较多，企业内部存在"部门墙"，业务与业务之间、业务与技术之间的沟通相对不畅，对企业数字化转型的最终成效造成重要影响。比如，虽然企业"一把手"决定进行数字化转型，并且通常对组织建设进行不同程度的重构，但组织内部的转型不可避免会遇到挑战，主要体现在业务部门和技术部门之间的"对抗性"上。

业务部门的数字化逻辑和信息科技部门的数字化逻辑会呈现一定的差异性。若一家企业的业务部门较为强势，在其提出数字化需求时，虽然信息科技部门与业务部门的数字化转型理念可能存在冲突，信息科技部门依然会辅助性地帮助业务部门进行数字化转型，但其所产生的数字化效果将大打折扣。

同样，若一家公司的信息科技部门处于强势地位，则信息科技部门可能会视业务部门的需求为"伪需求"，这也会导致数字化转型效果不佳。因此，在企业数字化转型过程中，构建适合企业发展的数字化组织，协调企业内不同组织和部门，将成为决定数字化转型最终成效的重要因素。

麦肯锡发布的研究报告显示，一般企业数字化转型的成功率仅为20%。报告同时指出，组织文化不足是企业数字化转型的绊脚石之一。组织文化的不足体现在各职能部门相对孤立、害怕承担风险等方面。由此可以看出，数字化转型的关键不仅是数字化技术和设备，还有数字组织的敏捷性和适应性。

3. 如何搭建数字化敏捷组织

部落化的敏捷组织架构改变了传统组织工作模式，将办公形式从隔离式转变为开放式、协同式，由不同部门、不同职能人员组成新的"部落化小组"，通过分拆目标、设计流程、简化沟通三个方面的升级改造，及时解决客户定制化、个性化的服务需求。

（1）将长期工作目标拆分成更短时间单位的短期冲刺，满足企业创新的迭代特质。

数字化转型是一个持续的过程，组织机构的重塑要遵循"全面思考、项目驱动、单点突破"的原则推进。在这个过程中，既需要自上而下的全局思考，也需要自下而上的、自主的单点突破，主要表现在将长期目标细化为若干短期目标，专注于解决短期目标中的各种痛点，再结合流程实施和反馈机制，不断对短期目标进行复盘，可以有效激励企业创新。

（2）在敏捷组织下，跨组织、跨团队的工作流程必须规范化，"目标—成果—反馈"的流程更加细化和标准化。

这既是组织战略层面的内涵，也是敏捷组织行之有效的基础。具体来看，在项目负责人的指导下，应支持不同职能、不同部门员工积极表达项目推进建议，持续性地进行体系化的沟通和反馈，有针对性地破除组织合作壁垒，促使项目组意见协同一致，更好地发挥组织合力。

（3）引入Kanban、DevOps等工具，统筹组内成员的工作进度，简化"部落化小组"沟通方式，避免理解偏差。

在敏捷式组织中，借助信息化工具，做到信息对组织内所有成员透明，包括会议记录、每位组织成员的项目进度、项目相关文件等。组织内部也要对最终目标的达成和实现方式有清晰的定义和共识，使团队内每个人的权、责、利能清晰统一。

2.5.3　IT架构再造

在数字化时代，外界环境变化越来越快，业务流程处理也要更加灵活和及时，组织架构也会发生相应的变化。以阿里巴巴为例，阿里巴巴经常用"战役"的形式来攻坚一些重要项目。每一场战役就是一个项目小组，小组成员来自不同的部门和岗位，这些都是企业敏捷性的体现。数字化让企业提高敏捷度和响应速度，这是企业在当下这个时代最核心的竞争力之一。这也要求企业的IT系统必须也是动态的和随需应变的。

1. IT再造：从单一架构走向互联，从大系统走向轻量级

企业数字化转型并非只是简单地将企业现有业务和流程移到云端。随着数字化的不断深入，互联互通成为企业数字化的关键词，它包括数据的互通、业务的互通、资源的互通、人员的互通等。数字化甚至重塑了企业的商业模式，越来越多的企业利用数字化技术来跨越原有的经营领域或边界，迈向新市场，接触到比以往更多的客户群体。

因此，企业的IT系统必须改变以往模块众多的单一架构模式，转向大平台支撑的微服务架构模式。比如，原来可能是构建一个IT业务系统，而现在可能是构建十几个微服务。

在建筑行业，关键也在于利用新一代信息技术，依托由传感器、嵌入式终端系统、智能控制系统和通信设备构成的信息物理系统（CPS），打通所有建筑环节的数据壁垒。这意味着需要处理相互联系的事务越来越多，这必然会对IT系统提出更高的要求。过去那种模块众多、功能复杂的大软件、大系统的单一架构可能不再适用，企业需要更加敏捷、高效、轻量级的IT架构方式，

用数个微服务 IT 系统替代原来的单一大系统，同时还要做到互联互通。

2. IT 再造：升级而不是重建

数字化转型，数字化很重要，但是我们也一直在强调"转型"。转型不是意味着一切从头开始，而是在原有的基础上调整和升级。所有的企业都有自己的 IT 系统，特别是 IT 系统支撑的业务系统，无论是从成本上，还是从客户和员工体验上看，重建都是不现实的。

数字化转型不能按全新的方式去重建，如何基于企业当前已有的业务和 IT 情况，在满足企业业务场景的前提下，对原有系统进行升级，在最大化保留过去遗留的 IT 资产的前提下，实现过去没有的互联互通和敏捷性，这才是升级的关键。

3. IT 团队：向更敏捷、与业务联系更紧密的方向转变

过去，企业的 IT 团队属于专门的技术部门，纯属后台，负责支撑，是企业的成本部门，几乎不接触业务，最多只在了解需求时和前端部门有一些沟通和交流。且 IT 部门也没有太多的自主权，完全是按照前端部门的需求听指挥做事。

然而，在新的数字化环境下，企业的 IT 系统不再是一个稳定的、所有场景都适用的系统，它要随着环境和业务的变化而变化，甚至还要满足客户的一些个性化的定制。比如，"双十一"期间，由于业务量、业务模式不同于平常，因此需要快速构建新的 IT 响应程序。

这要求企业的 IT 部门能够快速响应前端的需求，甚至 IT 部门可以站在专业角度，提出更优的建议。也就是说，IT 部门和业务部门的联系变得更加紧密，以提升彼此响应对方的效率。

过去 IT 部门和其他部门平行分割的组织架构可能也不太适用。

数字化转型需要更加灵活、与业务联系更深入的 IT 团队，因此企业的 IT 组织架构也需要进行相应的调整。比如：围绕具体的市场需求和业务场景，构建多个由业务人员、IT 人员和运营人员组合而成的小型敏捷团队。

原来 IT 系统内就比较偏稳定的后台类功能性的 IT 人员可以保留在 IT 部门，另一部分需要随时支持业务响应、快速开发紧急应用（如"双十一"应用）和客户定制应用的 IT 人员，可以单独划分出来，放到前端部门。

4. 新一代 IT 架构的主要构成

新一代的 IT 架构策略该如何选择？结合企业数字化转型需求和最新 IT 技术的发展，考虑互联互通的需求，它应该包含技术中台、数据中台、业务中台三个部分，还要进行集成，最终实现公有云和私有云的融合。混合云服务是目前企业数字化转型的必经之路。

在全新的 IT 架构体系（如图 2-7 所示）中，首先要基于云计算、大数据、人工智能、物联网、移动互联网和区块链等技术，打造技术中台和数据中台，然后在技术中台和数据中台的基础上，发展和沉淀业务中台。技术中台和数据中台都是为业务服务的，沉淀业务能力，让技术和数据赋能业务才是最终目的。

（1）技术中台（gPaaS）。

技术中台是以数据中心云服务的方式提供最新的 IT 能力，对前台业务赋能和支撑，为企业内外部运行的海量数据提供最新技术与处理能力的集合。所有公共的平台、工具等提取出来的可重复使用的服务，都属于技术中台范围。比如说认证服务、权限服务、日志服务、消息服务、搜索服务、推荐服务等。

技术中台由五大模块组成：

- DevOps：基于持续集成、配置中心等基础服务打造自动化持续交付流水线，实现 DevOps 理念在企业 IT 生产中的应用。
- 容器云：为基础平台提供底层运行环境支撑。
- 服务治理：支撑微服务架构应用的全生命周期管理平台，为开发者提供从开发到运营维护的一系列开发套件与服务。

第 2 章
国内建筑业数字化应用的发展历程

图 2-7 基于云计算的新一代 IT 架构体系

- 微服务编排：企业重新定义服务间关系、实现微服务治理的重要工具。
- 服务网关：提供了API的全生命周期管理，用以实现自身系统集成以及与合作伙伴的业务连接。

值得注意的是，技术中台只具备技术属性，没有业务属性，所以在设计技术中台时，一定不能把业务逻辑加进去，否则就变成和特定业务相关了。

（2）数据中台（dPaaS）。

企业数据中台包含技术工具、架构管理、数据开发、数据服务、数据管理、数据运营六个方面。

数据中台的整体目标是使数据产生业务价值，企业可通过数据中台建设各项能力，弥补数据供需鸿沟，使数据能够驱动企业提升经营效率、实现业务价值。

数据中台是企业数字化转型的关键支撑。

（3）业务中台（bPaaS）。

业务中台是企业起到统一支持各个业务线的关键性平台。它通过将不同业务线所需要解决的核心问题进行抽象和封装，提供适用于多个业务场景的解决方案。也就是说，业务中台是把后台的资源整合成前端需要使用的资源，方便被随时按需调用。业务中台也被称为"有形的中台"，它是有实体部门存在的。

企业构建业务中台的目标是实现业务的高效运营和优化，同时沉淀企业的业务能力。

第 3 章

建筑业数字化落地路径

建筑业的数字化落地分为三个层面：首先是业务层面的数字化，其次是管理层面的数字化，最后是整个系统的数字化。由点及面，最终实现全面的数字化转型。

全量全要素的数据是数字化转型的核心，业务数字化的核心就是通过数字化、智能化手段实现企业数据的自动采集、沉淀，并将核心业务的线上数据链全部打通，通过数据治理和数据应用提升业务能力、监管能力以及风险防控能力。

3.1　建筑业业务数字化之单点技术运用

在建筑工程行业的各个环节中,数字化技术有哪些用武之地,如何应用落地,对比传统模式有哪些优越之处,这些是本节的重点内容。

3.1.1　投资决策阶段

建筑项目投资决策阶段又被称为建设前期工作阶段,主要包括编报项目建议书和可行性研究报告两项内容。

在建筑行业迈向数字化的过程中,设计、建造、运维环节的数字化被人们重视,但投资决策阶段的数字化常常被人们忽视。投资决策阶段的数字化,主要是对大数据的应用,用数据进行决策,这对建筑工程的成本控制、风险防控等环节起着非常重要的作用。

1. 投资决策阶段的战略意义

在投资决策阶段,一个重要的内容就是可行性研究,其内容可概括为市场(供需)研究、技术研究和经济研究三项。可行性研究具体涵盖的内容十分广泛,包括项目提出的背景、必要性、经济意义、工作依据与范围、需要预测和拟建规模、资源和公用设施情况、施工条件和方案、环境保护、企业组织定员及培训、实际进度建议、投资估算和资金筹措、社会影响及经济效益等。

传统的建筑决策分析虽然也有数据的运用,但都是零散的、不全面的,甚至很多数据都十分陈旧。而在现在的大数据环境下，可以运用系统的、最新的、全方位的数据来辅助决策，使决策的科学性大大提升。

2. 工程大数据应用于投资决策

工程大数据体量大，在传统作业方法下，一个普通单体建筑的文档数量就很大，类型也多，有结构性数据、半结构性数据以及非结构性数据。这些数据在传统环境下很难全面获取。比如，一个城市的摄像头系统所产生的图片和视频文件，一个人花一百年也看不完。

在大数据环境下，可以通过智能化的手段，对数据进行采集、分析和利用，进而作为决策的依据。工程大数据应用于决策通常分为数据采集、数据存储、数据分析三个阶段（如图3-1所示）。

（1）数据采集。

建筑工程数据采集指从不同数据源（如施工机械、现场环境等），采集各种类型的海量数据，包括施工进度、机械作业状态等。采集的数据大多是瞬时值，但也可以是某段时间内的均值。

（2）数据存储。

数字时代的一个典型特征是数据库替代了传统的纸质文档，通过对数据库的操作，不仅可以永久性存储数据，还可以对数据进行分类。比如结构性的数据和非结构性的数据，可以直接检索获取。

（3）数据分析。

工程大数据可以用于决策，但前提是对数据进行分析，数据分析是工程大数据应用中最重要的一环。数据分析可以根据不同的应用需求，从海量的存储数据中选择数据进行分析，挖掘出有价值的信息用于指导决策。

数据分析一般包括数据预处理、数据建模和模型应用，这些环节可借助开源或商业工具如 Hadoop、Spark、Storm 等完成。

第3章
建筑业数字化落地路径

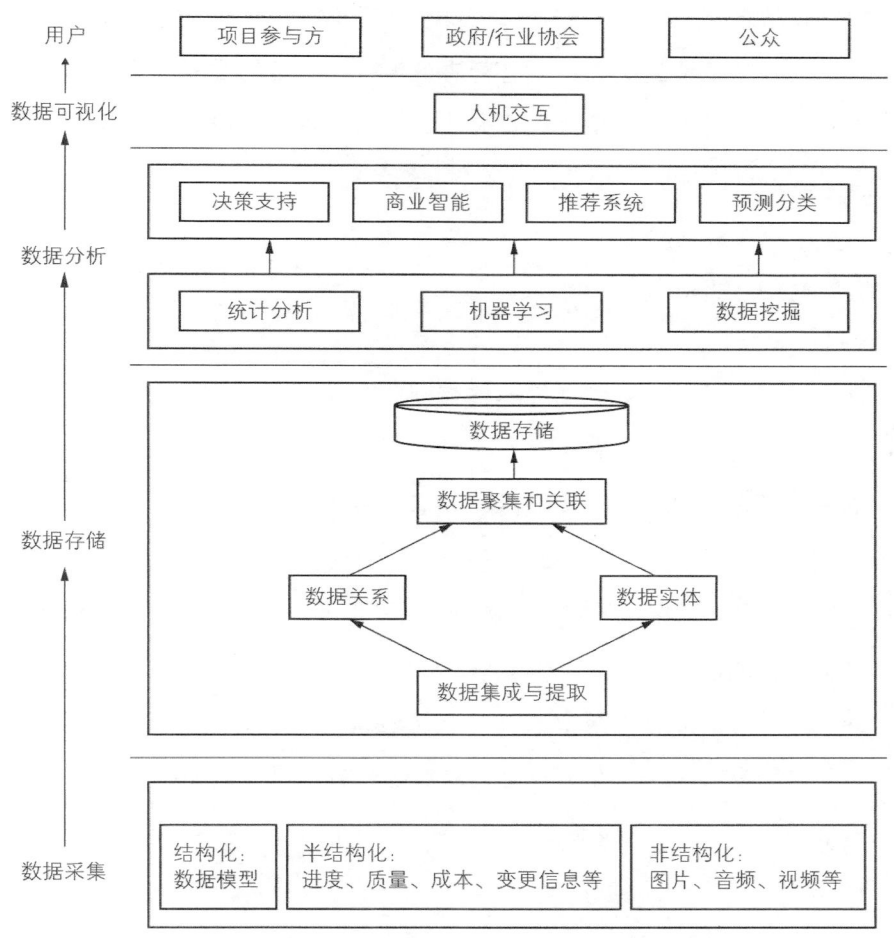

图 3-1 工程大数据应用流程示意图

3. 工程大数据的应用价值及挑战

通过对大数据进行挖掘，找出其规律，对于智能决策支持具有十分重要的价值，主要表现为以下两个方面：

（1）提高项目各阶段协同工作的效率。在建筑设计与施工的各个阶段，能有效提高各阶段协同工作的效率。

（2）辅助工程建设各阶段决策。在新的项目中可使用积累的数据辅助决策，提供高品质的"产品+服务"，实现从产品建造到服务建造的转型升级。

当然，建筑行业运用大数据进行决策也存在一定的挑战。比如，建筑行业的数据零散、复杂、体量巨大，大数据的采集中存在浪费，等等。关于这些问题，我们将在后面大数据这个章节详细阐述。

3.1.2 设计规划阶段

新设计是指数据驱动的高标准精细设计，以虚映实，通过平台进行协同设计打造一体化全数字样品。

数字设计是建筑业数字转型落地的基石，对整个产业的转型起着引领和支撑作用。设计处于产业链上游，是工程项目建设的起点，设计成果决定了工程规模和大部分成本投入，也对建设项目社会效应、使用功能、建造难度、施工进度、运维管理等方面具有重要影响。

同时，设计业务作为整个项目的数据起源，也连接着建设方、施工方、生产方、供应商等多个参与方，是建筑产业各方数字化转型的主要媒介，必将成为产业转型升级的重要抓手。

1. 传统设计之弊端

在建筑工程领域，设计是蓝图，但传统设计存在几大弊端。

（1）碎片化，设计与其他环节割裂。

受分段式管理的影响及各参与方组织职能和管理目标使然，设计价值被压缩在以施工图设计及专项设计为主的低价值创造阶段。

目前，设计师岗位的职责多聚焦在施工图设计及以后的专项设计阶段。设计师以完成计划、保障设计成果规范标准化交付为主要工作目标，与城市发展及产业布局结合并不紧密，对诸如绿色低碳、智能建筑、工业化生产等新政策、新理念的落实力度尚不足够。

（2）以量取胜，同质化严重。

在过去几十年"高周转"建筑市场环境下，效率就是生产力，设计周期持续压缩，设计企业"以量取胜"的业务模式成为普遍现象。因此，设计企业组织模式逐渐演变成专项设计所、综合设计所两大类。

建筑设计普遍高附加值业务短缺，服务同质化严重，无法全面满足业主方全过程服务需求。大部分行业参与方仍在观望BIM、AI等新兴技术，可视化前置模拟、智能化方案比选等应用在实际设计工作中普及程度有限，设计依然聚焦于点状方案或阶段性设计细节，整体性思考有待提升，项目全过程视角的高附加值业务短缺、同质化严重，难以为业主提供增值价值。

（3）管理粗放，依赖"人治"。

传统粗放式管理造成业务流程与管理流程割裂，内耗严重。项目过程管理缺乏信息系统支撑，过度依赖"人治"，部门壁垒高筑。专业间、业务各阶段间缺少良好的沟通机制和交互平台，信息沟通不顺畅、协调成本高、难以敏捷应对客户需求变化等问题逐渐显现，甚至在很多设计企业内部，各部门之间可能存在竞争关系，导致企业陷入了恶性低价竞争的怪圈，"内卷"现象越来越严重。

（4）经验和能力难以沉淀。

传统管理模式之下，各部门工作重心不同，导致设计资源分散，难以制定具有共识的标准体系，统一管理难度大，不利于组织结构化积累能力提升。"老法师"的经验难以传承复用，各部门经验数据由于分散式管理，新员工能力培养缓慢，企业经验资产难以转化并向下赋能，马太效应持续加剧，设计企业的利润呈逐年下滑态势。

（5）监管治理体系有待完善。

工程勘察设计行业的健康发展离不开行业监管，目前政府部门的设计监管与服务工作主要由主管部门或有资质的审查机构承担，传统监管很难做到及时、准确、全面、公正。

近几年来，行业监管部门积极推进勘察设计行业向市场化、规范化改革，推行告知承诺制、设计人员终身负责制等政策，已取得一定成效。但 BIM 设计审查机制有待进一步完善，自主可控的产权意识及保障力度需要加强，市场监管效率不高、征信体系不够健全等问题仍须改善。

参考《工程勘察设计行业年度发展研究报告（2022）》中的数据，2021 年，建筑设计类和专项设计类企业人均利润已双双跌破 5 万元。企业利润被不断压缩，行业持续健康发展正面临一定考验。

在这种背景下，数字化转型驱动设计向精品、精细、精益转型，将为建筑设计环节解决上述弊端，给建筑设计带来新的成长和突破，帮助提升效率、增加利润。

具体如何操作和落地？建筑设计环节的数字化同样是一个系统工程，我们将它分为四个层面：行业层、企业层、项目层、岗位层。

（1）行业层。

精细设计是针对设计流程和设计细节的有效管理，采用更加科学的设计方法和流程来规范设计流程，从而提高设计过程的效率和质量，实现设计过程的可追溯性和可控性（如图 3-2 所示）。

在全行业层面，一方面要主动引领趋势，通过数字化转型，让设计不再局限于单一功能的设计所；另一方面要通过数字化转型提升监管的精准度，优化服务模式，为工程勘察设计行业的发展创造有利的市场环境。

（2）企业层。

企业应开阔视野，站位高远，不要割裂地看待设计环节，而是应该把设计的服务范围向建设项目全过程拓展，在提升管理效率、实现服务模式的差异化、提高企业核心竞争力等方面持续发力。

第 3 章
建筑业数字化落地路径

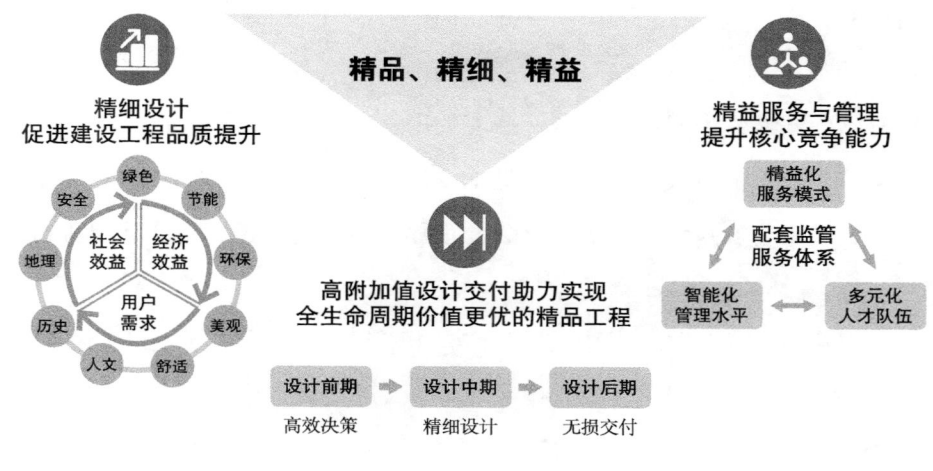

图 3-2　建筑行业高附加值精细设计

运用数字化技术改善生产组织结构、调整服务模式、改变人员队伍管理机制，补全多元化、全过程设计服务能力；引进"平台+组件"的新兴技术手段，沉淀企业数据资产，助力团队业务能力升维；积极探索"平台+"生态力量，完善资源能力建设。

（3）项目层。

在项目层，可利用数字化技术，通过精细设计促进建设工程品质提升。

运用大数据等数字技术，可以从客户视角定义工程品质，积极推动设计业务向精细化设计转型，提升设计理念先进性，倡导人性化设计，加强绿色、环保、节能意识，安全、舒适、美观、人文、历史、地理多要素融合，优化资源配置，科学合理地整合人力、材料、设备机械等资源，在平衡社会效益、用户需求与经济效益的同时提升建设工程品质。

（4）岗位层。

在传统技术背景下，长期以来，设计岗位只能以分散的、孤立的方式开展工作。组织内各专业间信息无法及时调用，变更的信息不能实时同步；组织外业主的需求难以传达，多方信息难以共享，产生了大量低效重复且技术含量低的劳动。

设计师疲于完成一个又一个的项目设计，只能聚焦工作职责范围内的一亩三分地。同时，由于设计师与使用者的沟通交流逐步弱化，也没有大数据分析等需求挖掘的方式和技术，以至于设计师只能对客户基本需求进行思考和探究，缺少与客户情感上的共鸣和全过程价值创造意识，也缺乏创新思维的实践机会。

数字化转型可以为设计师带来三个方面的转变。

一是通过平台和线上工具，设计师可以及时与用户交流，及时收到用户的反馈，在设计的全过程中保持和用户的交流，最大限度地减少无用功和重复工作。

二是通过大数据的共享和应用，设计师可以根据客户需求进行创新和突破，满足用户个性化的需求。在设计前期，以业主的需求为导向制订策略与方案，提高决策精度；在设计中期，除了更容易实现建筑的投资意图，还可以充分考虑建筑的可建造性与可维护性；在设计后期，通过大数据的共享，能够基于设计成果的流转需求和使用需求进行交付，便于向成本、施工、运营维护、供应商、行业监管等角色无损传递设计意图，实现设计价值赋能项目全生命周期。

三是通过数字化加强与上下游其他岗位的联系，参与到更多的环节中，为建筑全环节创造价值。

数字设计不是一蹴而就的。首先，要基于国家顶层战略指引，求真务实，深入分析外部环境与行业现状，知晓行业关键制约点。其次，要以提升建设工程品质、助力建筑产业高质量发展为目标，明确转型方向，有针对性地改善行业现状，推动工程勘察设计行业数字化转型持续深化。

3.1.3 建筑施工阶段

目前,建筑施工层面的数字化转型也是一个热门话题,它指的是数字孪生的工业建造,以虚控实,融合工厂生产和现场施工的一体化"数字生产线",实现数字孪生建造。

我们同样从建筑施工为什么需要数字化、建筑施工数字化的具体内容、如何落地数字化三个方面展开。

1. 建筑施工数字化是必然趋势

建筑施工行业的数字化是必然趋势,施工企业在实际的项目管理中,也迫切需求数字化技术来解决诸多问题。

(1)现场管理问题。

在项目施工建设时,管理人员很难深入到每一个施工现场。在进行上下级沟通时,通常会用电话或网络等方式解决。这种沟通方法可能造成施工时间的延迟,增加施工成本,并且无法保证信息的准确性。

(2)信息管理问题。

在项目施工管理的过程中,往往会形成大量的业务数据和信息。而在未来的工程项目建设中要做控制成本造价、拟定工作方案、分配建筑材料等决策时,都要用到这些数据和信息。目前,很多施工企业的信息管理技术非常传统,无法全面精细地管理数据和信息,严重影响了施工进度。

(3)成本控制问题。

由于缺乏数据支撑和分析,目前很多建筑施工单位对物资管理及工程的成本控制水平亟须提高。许多项目看似资金充足,但随着施工进程推进,物资浪费、丢失以及其他成本支出巨大,最后项目居然亏损,为企业带来巨大损失。

(4)决策滞后。

部分建筑施工企业仍选择运用传统的金字塔式的建筑管理模式,降低了整个管理的工作效率和传送信息能力，导致公司计划和决议没有得到足够的信息和数据的支持，决策者和管理者的决定只能依靠自己多年的经验，决策滞后存在隐患。

2. 数字化在建筑施工中的应用

数字化在建筑施工中有哪些用武之地呢？首先需要明确建筑施工过程的数字化都包含哪些内容。

（1）智能建造。

运用智能建造技术，使用机器人、无人机、传感器等设备进行施工，以提高施工效率和质量。

（2）数字化管理。

使用信息化管理系统，将施工过程中的信息以数字的形式存储和传输。

业务数字化后，即可以通过管理数据来管理业务。数字化工具将杂乱无章的业务量化，从而使业务工作具有可预测性与可分析性，进一步推动了业务效率的提升。

在建筑施工过程中，通过数字化管理，收集和记录施工数据，可以为施工进度提供科学依据。运用数据可以对施工进度进行精细化管理，控制施工时间，达成预定目标。

数字化还可以打通各环节，降低信息不对称带来的协作困难，通过标准化的流程梳理降低冗余、提升效率。实现数据互通、业务整合，企业各部门做到信息透明、便于管理；促进产业链高效整合，供给与需求高效对接，从而提高管理效益。

通过对数据的智能分析，还可以更准确地分析施工管理、提高调用效率。智能化分析是减少施工管理人员投入的关键，它不仅可以提高施工管理的质量，还可以实现现代化的管理手段。

（3）实时监控。

传统施工依靠人力进行现场管理，再逐级向上告知，这不仅需要大量的人力，效率低下，且高度依赖"人治"，由此还带来了风险：一旦出现疏忽，或者有不负责任的管理者，将带来巨大的损失。

运用数字化技术，可以实现及时监控，管理人员不在现场，也可以及时了解现场的情况。

比如，GPS 技术可以对建筑施工过程进行定位，对建筑施工进行自动绘图，并且能够对施工状态进行检验，保障施工方法的合理性。GPS 技术有助于工程的测量，能够实现复杂施工条件的检测，确保施工验收过程的安全性，对建筑质量进行全面评估。

通过 3D 数字技术，由 3D 软件生成建筑的模型信息，将建筑工程信息进行形象化，对施工信息进行详细记录。通过使用虚拟化技术，实现施工技术的立体化呈现，方便施工人员观察建筑结构。

使用 BIM 技术可以将建筑模型三维立体化，全方位展示建筑模型。这样的技术不仅能帮助整合施工流程、进行过程化管理，还可以降低施工过程难度。

（4）信息化安全。

使用信息化安全技术、安全监控设备和安全管理系统进行安全监控和管理，以防止施工过程中发生安全事故。

数字施工可以实现工程项目的精细化管理，提高施工过程的可控性和效率，减少施工过程中的风险和成本。此外，数字施工还可以帮助企业更好地实现资源的优化配置，提高施工过程的环保性和可持续性。

3. 数字化施工的落地

建筑施工企业面临项目现场管理的挑战，而智能化与数字化管理则成为提高施工效率和质量的关键。通过引进先进的技术和创新的管理方法，建筑施工企业可以实现项目现场的智能化和数字化管理，提高生产效率，降低成本，并确保项目的顺利交付。

如何进行施工现场数字化的落地呢？我们将从三个方面探讨：平台、制度、工具。

（1）平台搭建。

建筑施工的数字化需要注重信息化平台的应用，全面整合建筑信息，推动施工管理过程的实施。管理平台有助于施工过程的管理，将施工信息存储在平台，监控工程的实施情况，提高对施工整体进度的控制效率。建筑工程管理平台需要关注数据的构建，采用标准化的数据存储格式，并确保数据的互操作性，使显示模块与管理数据能够互通。

（2）管理制度的改进。

数字化的落地必须有相关制度作为支撑，要从传统的项目管理转变成数字化的项目管理，要做好以下三个方面的工作：

项目信息管理：利用项目管理软件和云平台，集中管理项目的各类信息，包括图纸、合同、进度计划、材料清单等，提高信息的透明度和共享性。

施工进度管理：借助数字化工具，实时监控和调整施工进度，优化资源分配，提高施工效率，缩短项目交付时间。

质量管理与安全监控：采用数字化工具进行质量检查和安全监测，包括检查表单、照片记录、传感器监测等，提高施工质量和安全性。

（3）数字化工具的运用。

需要配套应用数字化工具，包括：

- 3D 等虚拟技术。
- GPS。
- 物联网技术：通过在设备和工具上安装传感器和智能设备，实现对设备状态和使用情况的实时监测和管理，提高设备的利用率和维护效率。
- 无人机技术：利用无人机进行项目现场的勘察、测量和巡视，快速获取高精度的数据，减少人力成本和时间消耗。
- 建筑信息模型（BIM）：采用 BIM 技术进行项目的设计、施工和运营管理，实现信息的集成和协同，提高施工效率和质量。

建筑施工企业面临项目现场管理的挑战，而智能化与数字化管理则成为提高施工效率和质量的关键。通过引进先进的技术和创新的管理方法，建筑施工企业可以实现项目现场的智能化和数字化管理，提高生产效率，降低成本，并确保项目的顺利交付。

随着信息技术的发展和普及，数字化施工已经成为建筑业转型升级的必然趋势。未来数字化施工的发展方向是智能化、自主化、模块化和可持续化。数字化施工可以为建筑行业从产品市场、机会风险、行业竞争、人力招聘等方面带来深刻而翻天覆地的变化。

3.1.4 运维管理阶段

建筑行业在设计、施工阶段的数字化技术应用已经开始初具规模，但在运维方面，数字技术的应用还是少之又少。

从整个建筑全生命周期来看，相对于设计、施工阶段，运维阶段往往需要几十年甚至上百年时间，且运维阶段需要处理的数据量巨大而凌乱，包括规划勘查阶段的地质勘查报告、设计各专业的 CAD 出图、施工各工种的组织计划、运维各部门的保修单等。

传统运维方式很容易造成这些关键数据永久丢失，需要使用时，也不能及时、方便、有效检索到相关数据，更不必说基于这些基础数据进行分析决策。

因此，作为建筑全生命周期中最长的过程，数字技术赋能在运维阶段的应用是重中之重。

1. 数字运维发展现状

数字运维可以理解为运用数字技术对建筑的设备资产、空间、运维、能耗等进行科学管理，对设施的检修维护进行跟踪，并通过数据分析和监控，对可能发生的危险进行预警，降低运营维护成本。

国内工程项目数字运维的兴起比较晚，整体的设施管理应用市场不成熟，没有相应的指导性规范，也没有成体系的匹配人才，目前建筑行业数字运维整体上还处于初级阶段。

2. 数字运维的应用领域

数字化在建筑行业的运维领域可以发挥多方面的作用，主要列举以下五个方面：

（1）设施管理。

设施的管理和维护主要包括设施装修和维护、空间规划等。这在运维成本中所占的比重非常大。

美国国家标准与技术研究院（NIST）于2004年开展了一项研究，业主和运营商在持续设施运营和维护方面耗费的成本几乎占总成本的2/3。

运用数字技术可以大大提升运维效率，减少运维成本，特别是人力成本，还能有效防范风险。

比如，运用BIM技术能够提供关于建筑项目协调一致、可计算的信息，业主和运营商便可降低由于缺乏互操作性而导致的成本损失；还可对重要设备进行远程控制，把原来商业地产中独立运行的各设备通过二维码或RFID等技术汇总到统一平台进行管理和控制；也可以通过物联技术实现远程监控，充分了解设备的运行状况，为业主更好地进行运维管理提供良好条件。

设施管理的数字化在一些现代化程度较高、需要大量高新技术的建筑工程，如大型公共设施、商业建筑、医院、机场、厂房等领域，已经得到了一定程度的应用，并收到了良好的效果。其未来的应用范围一定会越来越广。

（2）空间管理。

空间管理包括照明、消防等各系统和设备空间定位。

运用数字技术可以获取各系统和设备空间位置信息，把原来的编号或文字表示变成三维图形位置，直观形象且方便查找。如通过二维码或RFID获取大楼安保人员位置；遇到消防警报时，在数字地图上快速定位所在位置，并查看周边疏散通道和重要设备等。

数字技术还可以应用于建筑内部空间设施的可视化。传统建筑业信息都存在于二维图纸和各种机电设备操作手册中，需要使用时由专业人员去查找、理解信息，然后据此决策对建筑物进行空间管理。利用数字孪生技术可以建立一个可视化三维模型或 VR 实景模型，所有数据和信息可以从模型中查阅、获取和调用。如装修时可快速获取不能拆除的管线、承重墙等建筑构件的相关属性。

（3）隐蔽工程管理。

建筑设计时可能会对一些隐蔽管线信息没有充分重视，特别是随着建筑物使用年限的增加，这些数据的丢失可能会为日后的安全工作埋下很大的安全隐患。

基于数字孪生技术（WebGL、VR、BIM 等），可以管理复杂的地下管网，如污水管、排水管、网线、电线及相关管井，并可在图上直接获得相对位置关系。当改建或二次装修时可避开现有管网位置，便于管网维修、更换设备和定位。

内部相关人员可共享这些电子信息，出现变化可随时调整，以保证信息的完整性和准确性。

（4）应急管理。

基于数字技术管理杜绝盲区的出现。公共建筑、大型建筑和高层建筑等作为人流聚集区域，突发事件的响应能力非常重要。

传统突发事件处理仅关注响应和救援，而数字技术的运维管理对突发事件的管理则包括预防、警报和处理。比如遇到消防事件，该管理系统可通过喷淋感应器感应起火信息，在管理界面中自动触发火警警报，第一时间在移动端推送告警（或语音电话告警），起火区域的位置会立即进行定位显示，控制中心可及时查询起火点周围环境和设备情况，为及时疏散人群和处理灾情提供重要信息。

（5）节能减排管理。

通过结合物联网技术，使得日常能源管理监控变得更加方便。

通过安装具有传感功能的电表、水表、煤气表，可实现建筑能耗数据的实时采集、传输、初步分析、定时定点上传等基本功能，并具有较强的扩展性。系统还可以实现室内温湿度的远程监测，分析房间内的实时温湿度变化，配合节能运行管理。

管理系统可及时收集所有能源信息，通过开发的能源管理功能模块对能源消耗情况进行自动统计分析，并对异常能源使用情况进行警告或标识。

3. 数字运维实现方式

数字运维方面，最大的应用之一就是 BIM 模型。

现在很多单位的办公设备、科研仪器、生产设备等资产管理还停留在传统的"纸质＋电子表格"的方式，大量资产数据不清晰、更新不及时，也不利于充分利用资产的价值。

平台能够将办公设备、科研设备、仪器等资产的编码、类型、维护情况等各类信息纳入平台管理，通过 BIM 技术及物联网感知实现可视化，让资产管理实现精确定位、动向溯源、科学维护，以减少维护的人力成本，提高管理效率。同时还可以对大型设备进行模拟仿真教学，通过开放共享向行业提供公共服务，释放资产价值。具体操作分为三步：

第一步，先建立设施信息模型（Facility Information Model, FIM）或数据库，部署设备设施的基本参数。通过移动端进行日常检测维护的作业记录，实现线上运维、线上记录。

第二步，根据管理或应用场景需求与投资预算，应用数字孪生、GIS、数据可视化等技术提高辅助管理，增强管理体验。

第三步，根据管理或应用场景需求与投资预算，应用物联或系统集成技术，采集设备的实时运行数据和告警数据，了解设备的运行状况，记录设备运行数据。

数字运维的第一步与第二步、第三步并不衔接或绑定,而是先得到一个包含相关数据的 FIM,从而积累维护数据,有条件时再逐步实施第二步和第三步。

关于建筑信息模型,我们将在下一小节详细论述。

3.2 建筑业业务数字化之协同技术应用（BIM+CIM）

2020年8月28日，住房和城乡建设部、教育部、科技部、工业和信息化部等九部门联合印发《关于加快新型建筑工业化发展的若干意见》。意见提出：大力推广建筑信息模型（BIM）技术。加快推进BIM技术在新型建筑工业化全寿命期的一体化集成应用。充分利用社会资源，共同建立、维护基于BIM技术的标准化部件库，实现设计、采购、生产、建造、交付、运营维护等阶段的信息互联互通和交互共享。试点推进BIM报建审批和施工图BIM审图模式，推进与城市信息模型（CIM）平台的融通联动，提高信息化监管能力，提高建筑行业全产业链资源配置效率。

那么，什么是BIM技术和CIM平台？

3.2.1 BIM技术

BIM技术是近些年在建筑领域运用非常广泛的一种数字技术，它最早由Autodesk公司在2002年提出，目前已经在全球范围内得到业界的广泛认可。BIM的全称为建筑信息模型，通俗地讲，就是将建筑中的各种信息整合到一个模型数据库中，通过数据的作用，让建筑各主体（设计团队、施工单位、运营部门和业主等）可以协同工作。

1. BIM 技术的定义

BIM 的核心是通过建立虚拟的建筑工程三维模型，利用数字化技术，为这个模型提供完整的、与实际情况一致的建筑工程信息库。

该信息库不仅包括描述建筑物构件的几何信息、专业属性及状态信息，还包括非构件对象（如空间、运动行为）的状态信息。这个包含建筑工程信息的三维模型，大大提高了建筑工程的信息集成化程度，从而为建筑工程项目的相关利益方提供了一个工程信息交换和共享的平台。

这里引用美国国家 BIM 标准（NBIMS）对 BIM 的定义，定义由三部分组成：

（1）BIM 是一个设施（建设项目）物理和功能特性的数字表达。

（2）BIM 是一个共享的知识资源，是一个分享有关这个设施的信息，为该设施从概念到拆除的全生命周期中的所有决策提供可靠依据的过程。

（3）在设施的不同阶段，不同利益相关方通过在 BIM 中插入、提取、更新和修改信息，以支持和反映其各自职责的协同作业。

2. BIM 技术的发展史和意义

BIM 技术是 2006 年前后引入我国的，跟所有新事物和新概念一样，刚刚进入大众视野时，受到了很多人的排斥。至 2009 年前后，BIM 开始成为一股热潮，很多人对它推崇备至，涉及 BIM 的应用十分普遍，甚至一度被捧上神坛，很多业内人士鼓吹 BIM 可以解决一切问题。

但是在实践中大家发现，BIM 存在落地难的情况，因为它跟国内建筑行业的流程机制有许多难以适应的地方，很多企业认为它的实际应用价值不大而弃之一边。直到 2020 年，国家出台了一系列政策，鼓励 BIM 应用落地，BIM 才进入了健康发展的快车道。

建筑行业想要实现数字化转型，BIM 可以说是核心引擎之一。为什么呢？对建筑行业来说，在数字化转型的过程中，BIM、云计算、大数据、物联网、5G、人工智能等都是影响行业发展的关键技术，这些技术一起推动建筑行业朝着数字化、在线化、智能化的方向发展。但所有数字化技术的应用，都离不开对数据本身的挖掘和利用，而BIM正是数据载体。

BIM最大的作用在于打通数据，通过对各条线上业务数据的打通，实现业务协同，让数据可以真正赋能业务。

3. 对BIM技术理解的误区

很多人对BIM存在一定误解，认为BIM只是建筑三维立体模型。实际上，BIM不是某个单一、独立的模型，而是贯穿建筑全过程的多个子模型的集合，是一个综合的数据库。它包括且不限于以下五个模型：

（1）BIM建筑模型。

最为人熟知的就是BIM建筑模型，BIM建筑模型可以为项目各参与方提供建筑空间参照。建筑物的厚度和高度、天花板的厚度、家具等具体位置都可以正确地在BIM模型中建立出来，以虚映实，从而达到各专业的协同工作。

（2）BIM结构模型。

建筑中有很多结构性数据，单靠一个数据很难准确地表达，但通过BIM结构模型，可以定位结构梁柱、横纵向钢结构等精确位置，甚至钢结构之间的节点也会考虑到。这种精准定位大大提高了设计和施工的精确度。

（3）BIM电气模型。

大部分电气系统不需要占用太多建筑空间，看似没有必要建立BIM电气模型，但实际在BIM协同的环境中，每个模块都需要有自己的3D模型。比如，安装空间有限，一些大的电缆桥架就需要提前模拟出位置，否则在施工时出现问题导致变更，会延长时间，增加成本。

（4）BIM给排水模型。

目前大部分施工项目包括两种给排水系统——重力系统和压力系统。

重力系统最大的挑战是管道系统必须满足特定的角度要求，确保水流可以从一端移动到另一端。这就需要提前通过BIM模型定位它的精确位置和角度，确保最终正确安装。

这就是运用 BIM 技术进行管道预制,所有排水系统构件,如阀门、水泵、管道连接件等,都可以在 BIM 中得到体现,方便各专业协同。

(5)BIM 暖通模型。

关于暖通,一些大型的承包商有能力实现暖通设备的安装,但是由于设计的不确定性和施工变更,很难实现大规模的预制装配生产模式。

BIM 可以助力暖通系统的预制装备,通过 BIM 模拟,模型中做出来的暖通方案就是最后的施工方案,可以直接指导预制和现场安装。

当然,BIM 的模块远不止上述这些,可以说,在建筑的各个模块、各个专业,都可以建立 BIM,这些子模型共同构成一个庞大的 BIM 网络,让所有专业可以协同工作。各专业模型完成后,还可以通过碰撞检查、优化修改,形成准确度更高的建筑信息模型,更好地指导后期施工,减少施工变更和返工,从而达到缩短工期、降低成本的目的。

综上所述,BIM 技术的作用是以虚映实、加强协同、减少错漏,从而提升效率。

4. BIM 技术的特点

BIM 技术具有以下三个特点:

(1)可视化。BIM 通过虚拟照进现实,"所见即所得"。

在传统技术手段下,拿到的施工图纸,经常只是将各个构件的信息用线条绘制表达出来,真正建成后的形象则需要建筑师去自行想象。

BIM 提供了可视化的思路,让线条式的构件变成了三维的立体实物图。

虽然以往建筑业也有设计方面的效果图,但缺乏不同构件之间的互动性和协同性,而 BIM 的可视化能够让各构件之间协同。

可视化不仅可以用来做效果图展示及报表生成,在项目设计、建造、运营过程中,沟通、讨论、决策都在可视化的状态下进行。

(2)协调性。在传统技术下,针对施工过程中的问题,通常是发现问题之后再来协调和解决。

比如，暖通等专业中的管道在进行布置时，由于施工图是各自绘制在施工图纸上的，在真正的施工过程中，可能在布置管线时正好某处有结构设计的梁等构件阻碍管线的布置，这种情况通常只能出现问题后再协调解决。

而 BIM 模型能在建造前期对各专业的碰撞问题进行协调，生成协调数据。

（3）模拟性。在设计阶段，BIM 可以进行模拟实验。

比如，节能模拟、紧急疏散模拟、日照模拟、热能传导模拟等。在招投标和施工阶段可以进行 4D 模拟（三维模型加项目的发展时间），也就是根据施工组织设计模拟实际施工，从而确定合理的施工方案来指导施工。

同时还可以进行 5D 模拟（基于 4D 模型加造价控制），从而实现成本控制。后期运营阶段可以模拟日常紧急情况的处理方式，例如，地震人员逃生模拟及消防人员疏散模拟等。

5. BIM 技术的作用及应用案例

BIM 的本质不仅是要实现建筑实体的数字化，还要使建筑过程数字化，并对相关数据进行重构和管理。它不仅可以增强各建筑参与方的协作，提升管理效率、降低成本，还可以支撑企业实现工程项目管理的数字化以及决策的智能化。具体表现在以下三个方面：

（1）工程项目的数字化。

工程项目的数字化包括建筑实体数字化和建造过程数字化。

通过 BIM 技术，可以将建筑实体模型化，通过虚拟映射现实。比如，亚洲最大的专业货运机场——湖北省鄂州花湖机场项目已全面运用 BIM 技术，在方案规划、初步设计、施工图设计与深化设计阶段都做到了协同和优化，解决了传统设计中的错碰漏缺问题。

该项目依托数字化施工设备与质量验收评定系统，将 BIM 与施工过程信息进行整合，项目各方都通过 BIM 系统传递管理流程和信息，设计、施工、变更均基于统一的 BIM 数据开展，打造了国内智慧机场的标杆。

再如，中建三局探索钢筋工程新型产业发展模式，按照信息集成、设备集控、资源集约的总体思路，提出一种基于 BIM 技术的钢筋数字化建造新模式，包含钢筋 BIM 翻样智能化辅助系统、钢筋 BIM 云管理系统等，实现钢筋加工的智能化翻样、集约化加工及信息化管控。解决了场外加工常见的半成品缺料、送错等问题，并且人均加工产能翻倍、钢筋损耗率大幅降低。

（2）管理和决策的数字化。

通过对建筑实体、建造过程的数字化，形成的数据库可以为项目进行重大决策提供数据支撑，将所有孤立的参与方和数据进行综合管理，可以倒逼企业整体管理方式的变革。因为，企业必须改变传统的管理方式来适应 BIM 模型。

比如，雄安市民服务中心项目在全生命周期中引入了 BIM 系统，将项目的进度、安全、质量、物料、劳务等数据进行采集并集成到 BIM 系统中，实现了项目的透明管理。

在企业管理层面，基于项目数据中心，通过建立项企一体化的数字化系统，实现企业与项目之间的管理系统和业务协同。通过数据的积累，支持企业智能化的流程再造与优化。

企业管理水平推进了 BIM 技术的深入应用，与此同时 BIM 技术也可以提升建筑企业的精细化管理水平，两者互相促进、相辅相成。

企业的盈利点最终要看每一个项目的盈利。每一个项目要做到盈利，管理水平至关重要。BIM 技术的可视化、协同性、交互性、集成性可以让项目管控精确定位到每一个人，有利于提升管理沟通效率。

行业与企业均面临数字化转型，企业不仅可以将 BIM 用于建造的全过程，也可以延伸到企业管理层面，去练内功，用数字化重塑管理流程，通过 BIM 平台实现企业各管理层级、各部门和全员实时参与，协同工作。在规划设计、施工建造、投资造价和运营全生命周期中实现精细化管理，实现建筑企业管理由传统的粗放型管理向科学管理、流程化管理迈进，提升企业管理水平，增强企业核心业务管理能力。

（3）建筑运维的数字化。

在运维阶段，数字技术有很多可提升的地方。BIM 技术也可以应用于运营维护阶段，将建筑在设计中的绿色性能实效化、可视化。

竣工之后也可以建立 BIM。BIM 技术可以集成建筑生命内的结构、设施、设备甚至人员等与建筑相关的全部信息，同时在 BIM 上可以附加智能建筑管理、消防、安防、物业管理等功能模块，实现基于 BIM 技术的运维管理系统。

BIM 运维管理在降低能耗、更精细的维修保养管理、高效的运维响应方面都可以发挥重大的作用，从而获得更好的社会效益，耗费更低的运营成本。

比如，目前我国已经建立了桥梁定期检测制度，养护过程中检测到的各种数据融入模型后，直观表现结构的状态及发展变化情况。从数据管理和使用来看，就形成了实质性的提升，可以让管理者更好地了解结构的实际状况，判断缺陷发展规律。

BIM 技术可以有效解决现有运维管理过程中信息化程度不足、各项管理相对分散、缺乏沟通协同、无法有效利用等既有管理问题，便于在既有标准和管理规范的基础上建立更加精准、智能、高效的信息化运维管理模式，创造更大的价值。

3.2.2　BIM 协同效应

住房和城乡建设部公布的《建筑业"十二五"发展规划》和《2011—2015 年建筑业信息化发展纲要》均提出了"协同工作""消除'信息孤岛'""建设协同工作平台"等加强对施工的管控要求，均强调了 BIM 协同在建筑行业中的重要性。那么，BIM 是怎样实现协同效应的呢？

什么是 BIM 协同效应？

协同是 BIM 的本质，BIM 协同的核心作用是信息即时共享和 BIM 协同管理任务分配。BIM 协同作用主要体现在以下三点：

第一，信息协同。各主体的交流不受时间和地点的限制，通过 BIM 协同，信息可以得到及时交流和反馈。

第二，随时更新。信息的提供、变更和交流有据可查，将责任落实到个人。通过 BIM 协同，信息的提供和变更能快速传达给所有相关人员，极大降低信息的错误率和延误率。

第三，过程管理。项目各参与方能随时了解、跟踪工程的进度，掌握施工进度以及施工质量，及时发现问题并采取措施补救，从而降低建造成本。

BIM 技术属于高密度的数据集合，天然适合大后端、轻前端、云计算、分布式的技术架构，而不适合 WebGL 的轻量化客户端模式，这是技术架构的本质问题。目前，BIM 引擎在逐渐往云端迁移，架构也在逐渐转型。

关于 BIM 的具体应用和实操，我们用一个案例来辅助说明。这个案例是上海中心大厦。

上海中心大厦高 632 米，为目前中国第一、世界第二高楼，也是我国唯一一座超过 600 米高度的超高层建筑。这个建筑就是 BIM 应用的典型案例。为了把项目做得更加完美，项目方选择了 BIM 系统，把各个工种、各个阶段不同的工作整合到一个信息平台来共同完成，既提高了整个团队的工作效率，又减少了整个过程中可能产生的错误。

上海中心大厦项目的 BIM 应用是集建模、检测、计算、模拟、数据集成等工作于一体的三维建筑信息管理工程，覆盖了工程设计、深化设计、制造、施工管理乃至后期运营管理的建筑全生命周期。

在设计之初，为了让整个项目的各参与方都能更好地协同，确保 BIM 相关工作的顺利实施，工程总承包单位专门编制了《上海中心 BIM 实施标准》，对 BIM 的管理流程、管理方法、实施标准等方面做出了具体规定，并在实施过程中予以不断完善。

《上海中心 BIM 实施标准》的制定严格依照承包合同中相关条款约定，即"专业分包单位应根据工程总承包方有关 BIM 模型的要求，创建并维护本分包工程施工阶段的 BIM 模型，提供 BIM 数据、电子文档等，确保本分包工程的 BIM 模型与施工图纸文档一致，并服从工程总承包方就 BIM 模型提出的管理要求"。

这种文件和要求的一致性，为各参与方的协同工作打下了良好的基础。

BIM 的协同效应无处不在，以碰撞检测为例，这是项目中非常重要的一个环节。最初，施工技术人员采用传统方法，利用二维图纸将建筑结构图进行叠加，而 BIM 技术则通过软件对综合管线进行碰撞检测，利用 Autodesk Revit 系列软件进行三维管线建模，快速查找模型中的所有撞点，并出具碰撞检测报告。在深化设计过程中选用 Autocesk Navisworks 系列软件，实现管线碰撞检测，从而较好地解决了传统二维设计下无法避免的错、漏、碰、撞等问题。

根据结果，对管线进行调整，从而在符合设计施工规范、体现设计意图、符合业主要求、维护检修空间等方面都能满足要求，使最终模型显示为零碰撞。

同时，借由 BIM 技术的三维可视化功能，可以直接展现各专业的安装顺序、施工方案以及完成后的最终效果。

一个完整的、正确的模型形成以后，就可以把它运用到施工的各种管理环节中，比如施工的物流配送。通过必要的数据转换、机械设计以及归类标注、材料统计等工作，将 BIM 模型转换为预制加工设计图纸，指导工厂生产加工，在保证高品质管道制作的前提下，减少现场加工的工作量。然后利用 BIM 模型进行工作面划分，再通过 BIM 的材料统计功能，对单个工作区域的材料进行归类统计，要求材料供应商按统计结果将管道、配件分装后送到材料配送中心。BIM 的精确归类统计大幅减少了材料发放审核的管理工作，有效控制了领用的误差，减少了不必要的人员配备与材料的运输成本。

BIM 的导入是企业数字化转型中必不可少的一环，它在加强协作、解决技术难题、提高效率、降低成本等方面均发挥着巨大的作用。

3.2.3 CIM 平台

当下有一个热词叫"智慧城市",而 CIM 平台正与智慧城市这个概念有关。《中华人民共和国国民经济和社会发展第十四个五年规划和 2035 年远景目标纲要》中,提出完善城市信息模型(CIM)平台和运行管理服务平台,构建城市数据资源体系,推进城市数据大脑建设。

2020 年,住房和城乡建设部办公厅印发了《城市信息模型(CIM)基础平台技术导则》,旨在规范城市信息模型(CIM)基础平台建设和运维,推动城市转型和高质量发展;同时为城市级 CIM 基础平台建设及其相关应用建设运维提供支持。

1. CIM 平台的定义

CIM 平台是以城市基础地理信息为基础,建立建筑物、基础设施等三维数字模型,表达和管理城市三维空间的基础平台,是城市规划、建设、管理、运行工作的基础性操作平台,是智慧城市的基础性、关键性和实体性信息基础设施。它是三维城市空间模型和城市信息的有机综合体。

CIM 的概念由 BIM 衍生而来,将 BIM 的作用对象从建筑物扩大到城市范畴。简单地理解,BIM 是单体,CIM 是群体,BIM 是 CIM 的细胞。要解决智慧城市的问题,仅靠单个细胞的 BIM 还不够,需要大量细胞再加上各种连接网络构成的 CIM 才可以。

CIM 平台是综合了建筑信息模型(BIM)、城市地理信息系统(GIS)、物联网(IOT)等技术,进而整合城市地上地下、室内室外、历史现状及未来多维度多尺度信息模型和城市感知数据构建的三维数字空间的城市信息综合有机体。

2. CIM 平台架构

CIM 的核心其实还在于模型,以及基于 CIM 的仿真推演。从架构上看,CIM 平台主要由模型数据采集、模型平台构建、数据呈现与渲染三大部分构成（如图3-3所示）。

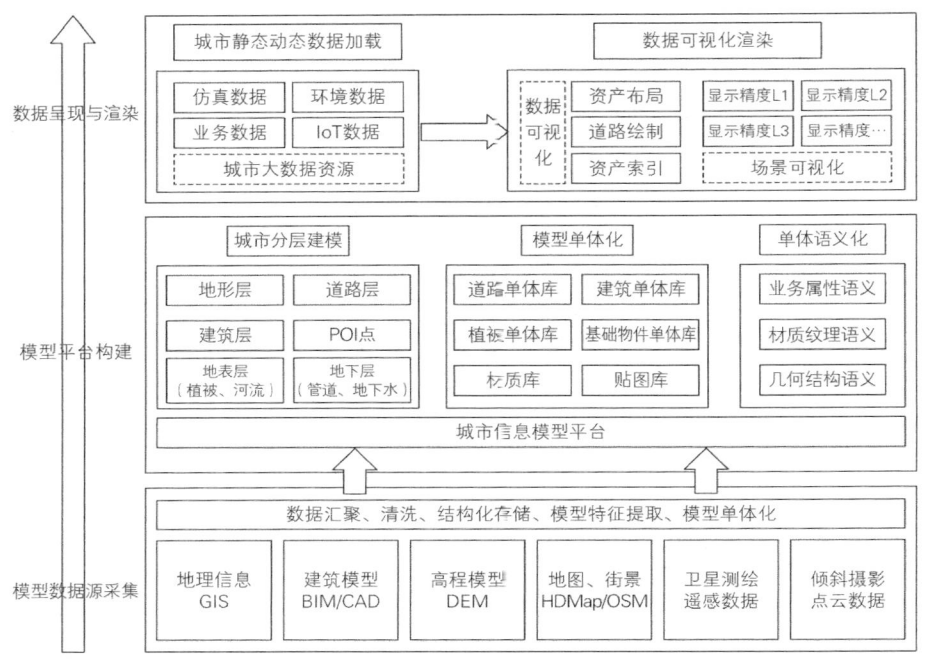

图3-3 CIM平台架构图

从图3-3中我们可以看到，CIM平台分为三层：最底层是模型数据源采集层，中间是模型平台构建层，最上面是数据呈现与渲染层。下面两层都由技术手段实现，最上面一层是使用者（如建筑从业人员）能看到的部分。

3. 数据采集是模型构建的基础

搭建CIM平台，第一步就是采集数据，这是所有工作的起点。

数据范围从二维到三维，从地理空间信息到时空高精度多源信息，这是CIM的关键要求。模型数据采集对象主要包括地理空间信息、建筑物、道路、地下空间管线、城市地质、地表高程等。数据类型主要为城市街景数据、GIS数据、BIM数据、CAD（计算机辅助设计）数据、激光点云数据、倾斜摄影数据等。要建立时空融合的数据管理系统，实现时空信息的有效组织、清洗处理结构化存储、特征化提取。

4. 模型平台是"骨架"

这些数据采集后，需要通过模型的搭建，让数据有规律、有联系、按要求来呈现，这就需要对采集的数据进行处理。

一是基于城市 GIS 底图，利用影像多视匹配技术、点云构 TIN 技术、纹理映射技术等三维建模技术，按照地形层、道路层、建筑层、绿化层、水域层等顺序逐层加载数据，形成结构化的城市分层模型。

二是针对建筑物、桥梁、停车场、绿地等城市部件进行单体化处理。

三是利用语义化技术，形成一个量化并可索引的城市单体信息模型，并同步接入人口、房屋、公安警务、水电燃气、交通运行、公共医疗等诸多关联语义数据，最终形成全域、全时、全程三维可视，附带丰富属性信息的 CIM 模型。

5. 数据呈现与渲染赋能业务

这些数据还要进行呈现，有些数据还需要进行一定的渲染来呈现给不同的人群。

一是物联网感知数据实时地在模型平台上快速加载、融合和呈现，实现实时运行监测数据、经济社会事件的可视化，如实时视频图像、空气污染指数、交通流量、行人轨迹等。

二是根据不同精度标准呈现应用场景，如根据城市地理信息数据源、模型精度、业务场景需求，可以按百米级或十米级呈现城市管理应用场景；按照米级或厘米级呈现交通、应急等特殊场景的模拟仿真。

三是对数据模拟和真实场景进行效果渲染，比如根据天气动态数据（云层高度、风向、边缘噪波尺寸等）对阴、晴、雨、雪等多种真实天气进行模拟；运用动态光追踪距离场阴影技术，实时计算阴影状态，最终模拟还原物理世界的运行情况。

3.3 建筑业企业经营管理数字化

数字化不仅可以应用于建筑业的过程和业务，还可以应用到企业经营管理中。建筑企业大都层级众多、专业众多，且人员和业务具有很强的流动性。运用数字化技术，特别是通过经营管理的数字化平台，可以让总承包、分包施工单位等协同进度。运用数字化的方式，进行成本、收入等功能模块的管理，可以帮助建筑企业实现内部多层级部门协同的云平台。

3.3.1 数字化经营管理功能模块

数字化可以应用在建筑企业管理的各个模块，包括成本管理、人员管理、现场管理、供应链管理等。

1. 成本管理

高成本问题一直影响着建筑企业的利润，数字时代建筑企业可以运用数字技术进行成本管理。工程企业需要借助数字化技术，建立全面融合的费用管控体系，从项目预算到流程管控、数据库等多角度管理成本，将企业的财务制度和数字化技术相融合，将人、机、料、法、环统筹起来，最大限度地降低成本、提高利润。其包括以下三个方面：

（1）将成本预算与过程执行相结合。

要避开预算和实际执行脱钩，建筑企业可以利用数字化技术，将不同项目类型的费用建立不同的数据库和预算体系。通过智能化的计算，对成本预算、项目预算进行分析，可以自动形成材料、人工、措施、分包所需的量和价及总成本。还可以利用数据库对整个过程的成本进行实时跟踪和预警。

（2）费用控制与流程相融合。

企业可以根据不同的费用建立不同的审批流程，这些流程可以通过数字化技术自行创建和运行，减少人为因素，提高对业务的真实性、合理性审核的效率。同时，在线系统可以对资金、合同、发票、异常项等相关数据进行展示和预警，让审批人员对业务有全面的了解，防止误差。

（3）可视化的智能财务报表集成管理。

可以按照事前、事中、事后全流程，将财务信息收集放置于业务前端，全面覆盖财务费用报销、资金管理、预算管理和账务管理等活动，形成可视化的智能化财务报表、营收与利润报表、应收与应付、待完成产值登记、现金流水账登记等，动态显示项目与企业的资金管理情况，让管理者轻松掌握项目的每一分钱，更好地规划财务方向。

2. 人员管理

建筑项目中的安全、质量、进度、成本管控、成品交付等，都是由人管理的。传统建筑行业的"人治"存在很多问题。体现在以下两个方面：

（1）目标职责不清晰。

传统管理模式下，建筑企业的项目管理，基本只能靠人员去现场监督。一个项目的管理人员，可能有几个甚至几十个，包括项目经理、工长、领队、班组长、甲方等。传统管理模式下，每个人的工作内容不清晰、不透明，很多工作只能靠汇报。汇报内容的真实性无法保证，更多是报喜不报忧，汇报时一片和谐，最后却出现拖延、错漏、质量、安全等问题，这种现象在建筑行业屡见不鲜。

（2）管理制度混乱。

建筑企业人员流动性大，特别是现场人员管理，没有系统完善的一套流程，经常出现人员不在现场，企业拿到的考勤却是全勤的情况，在确认复核的过程中经常出现人员相互包庇、做假证的情况。

3. 现场管理

在项目管理过程中，企业对于项目现场班组实际情况不了解，包括人员信息、工作情况，以及工资是否实际发放等无法监管。传统队伍管理简单粗放不规范，管理过程不透明、不清晰，经常造成质量问题、安全事故以及工人讨要薪资事件的发生，甚至有现场班组以发放工人工资为由敲企业竹杠。

在实际项目开展过程中，经常会出现超支、项目甲方不认可、签证困难的情况，项目过程管理不留痕、证据缺失，导致漏签、少签的情况时有发生。

通过人员的数字化管理，把每个人的工作内容进行数据采集，并通过在线系统公开透明地呈现，每个人的目标和职责都能够清晰化，每个需要协同的工作也能清晰化地呈现，从而减少"人治"带来的种种弊端。针对现场施工人员，也可以通过可视化进行管理。具体包括以下三个方面：

（1）通过数字化在线软件。

通过数字化在线软件和大数据，企业可以随时查看当前所有项目用工人数以及工资结算、薪资发放情况。随时查看工人工资标准设定是否在风控范围内，做到及时预警、及时做好防范，农民工工资由总包代发，再也不会出现不良包工头截流、不发农民工工资的现象。

（2）通过数字化监测可视化软件。

公司总部可以通过可视化软件，清晰地看到实际用工人数和项目现场工作情况。

（3）形成线上汇报体系。

要求员工通过线上软件汇报工作情况。管理者可随时查看项目管理人员每天的"要求与整改单""奖罚单"开具情况，以及团队劳务人员考核情况。通过数据分析，对人员进行过程管控。

4. 供应链管理

建筑行业实现经营管理的数字化，可以让供应链管理过程更加规范标准、流程更加优化,有利于提高整体管理水平。

针对供应端与需求端目前信息不透明、信用不透明、沟通不流畅、行业回扣现象严重等问题,运用大数据、算法等技术进行供与需的匹配推荐、过程留痕,让腐败无处藏身,给企业发展营造一个良好的经营环境,企业效益也将得到极大提升。

3.3.2 数字化经营管理云平台

建筑工程建设具有明显的生产规模大宗性与生产场所固定性的特点。建筑企业 70% 左右的工作都发生在施工现场,施工阶段的现场管理对工程成本、进度、质量及安全等至关重要。

如何做好现场施工的现场管理,控制事故发生频率,一直是施工企业和政府管理部门关注的焦点。

运用数字化云平台管理施工方,打造"智慧工地",是建筑行业数字化转型的一大亮点(如图 3-4 所示)。

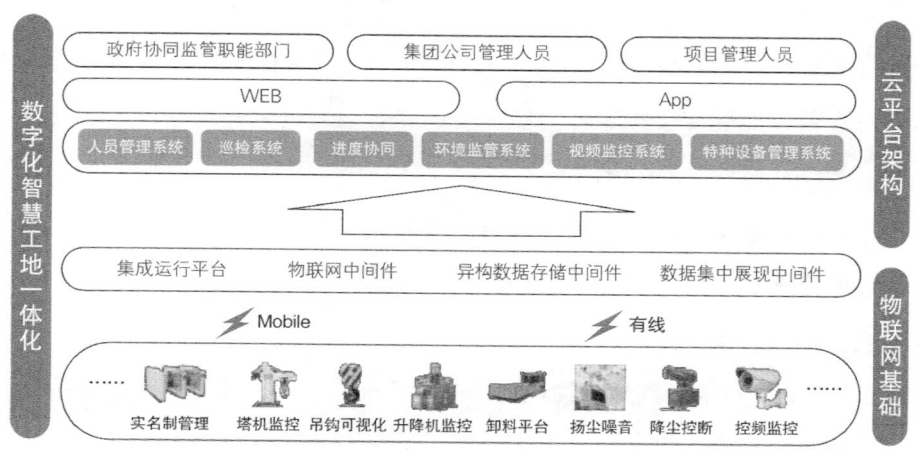

图 3-4　数字化云平台功能结构图

1. 传统施工管理的弊端

传统的施工现场管理具有劳动密集和管理粗放特性，因此导致以下问题尤为突出：

（1）安全意识薄弱，安全教育走过场，现场安全检查效率低。

（2）工地现场人员组成复杂，施工人员流动性强，管理难度大。

（3）工程现场施工机械安全事故频发，人员伤亡事故损失大。

（4）施工过程环境污染监测困难，预防效果不明显。

（5）施工场地环境复杂，人员监管成本大，问题回溯难。

2. 数字化云平台的优势

采用数字化云服务架构，以安全、质量、绿色施工现场管理需求为牵引，综合应用传感器、无线传感网等物联网技术、VR 虚拟现实技术等，来构建建筑工地现场的信息化管理体系。采用集中化的智能平台来融合和管理各子系统平台，通过单一入口进入各个子系统，尽量实现在单一系统平台上集成各个子系统的信息化数据，并对海量数据进行系统性的分析。无须逐个登录各子系统，可以极大地提高施工现场作业效率，有效降低管理成本、减少人力投入。

施工企业数字化云平台的应用，还可以使管理人员的办公信息化更加深入和多元，进一步提高管理人员的管理幅度，对提高管理人员的科学决策能力大有裨益，能促使公司年轻的技术人员和管理人员更好、更快地成长。

3. 数字化云平台的构成

施工单位数字化云平台系统分为前端数据采集子系统、网络传输系统和后端集中管理平台三大板块。

前端数据采集子系统可以实时准确地将施工机械运行状况、工地现场环境、进出工地人员信息和施工管理人员工作情况采集并上传至后台管理系统。

网络传输系统可以结合施工工地实际情况，采用无线技术将前后端数据准确无误、无延时地传输。

后端集中管理平台则可以汇聚各子系统数据，过滤出有效信息，并以直观可视化的方式提供给企业项目管理者，帮助其管理并辅助其决策。

3.4 数据采集，互联互通

3.4.1 数据采集与应用面临的痛点

在向数字化转型的过程中，数据是最底层的能源。数据的采集与应用、数据与数据之间的互联互通、数据与业务的互联互通、数据与建造设备的互联互通，是建筑业迈向数字化的基础。

1. 数据要素成为竞争新赛道

工业时代的能源是石油，数字时代的能源是数据。数据作为新一代的生产要素，已成为企业竞争的新赛道。数据要素关注的不仅仅是技术问题，更是治理问题，需要前沿技术的赋能和创新的治理手段来实现企业的发展。

在数据大爆炸时代，建筑行业必须关注数据价值，以及数据之间的联通性。数据要素也将改变现有市场经济的格局。进一步提高数据的流通效率，挖掘数据价值，在推动企业数字化、智能化发展的同时，也是企业顺应时代新要求、实现长远发展的必然选择。

对于建筑行业来说，数据尤其重要，因为建筑行业中有一个很重要的动作就是预算——因为预算不够准确而造成的烂尾、失误、决策错误等问题，历来都是建筑业的痛点。目前，建筑行业基于数据的全面预算管理体系也正在优化和发展，针对数据带来的大量信息，择优处理数据，在统一的平台上分析和执行数据，作为决策依据，将为建筑业注入新的活力。

2. 数据采集与应用面临的问题和障碍

企业正在创造比以往更多的数据。据预测，2025 年时，全球数据创建量预计是 2022 年的两倍。

但如此庞杂的数据也带来了难题：数据的采集和互联。

在目前的实际应用中，建筑行业的数据来源十分庞杂。它可以来自一个传感器，可以来自一个机器人的计算，也可以来自云端算法的反馈，或者来自 BIM 模型设计端，甚至是在虚拟现实中现在阶段的数据和未来数据的融合，包括三维激光扫描、点云技术、无人机、遥感、历史数据、CAD。面对如此庞杂的数据，如果想要真正发挥数据的价值，就一定要会采集、应用。

当前的数据采集仍存在种种不足，包括数据来源复杂、设备型号多样化、接口多样化、协议不统一等。具体包括以下三个方面：

（1）数据的格式、标准和接口不尽相同，存在"数据孤岛"现象。

（2）传统人工采集、分别采集、层层汇总的模式，使得数据采集环节多、流程长，导致数据存在滞后，数据之间难以挖掘逻辑和价值。

（3）设备类型多、数据多样，包含设备状态数据、生产过程数据、安全数据、检测数据及经营管理数据等。

此外，"数据孤岛"、数据之间的割裂、数据不能与业务紧密互联，也是一大痛点。

3. 工程大数据的采集和应用方法

工程大数据的应用需要用到统计分析、机器学习、数据挖掘等技术。

统计分析是从统计的角度出发，发现数据中包含的规律；机器学习是机器在各种算法的指导下具备学习能力；数据挖掘则强调从海量数据中发现有价值的信息。

这些都是数据收集和分析中常用到的技术。下面介绍四种工程大数据的采集、分析和利用技术。

（1）回归：是一种对数值型连续随机变量进行预测和建模的监督学习，

即用函数拟合点集。

常见的回归方法包括线性回归、回归树、最近邻算法等。线性回归使用二维或多维超平面拟合数据集；回归树通常使用最大均方差划分节点，每个节点样本判断新观察样本的取值。

（2）分类：基于数据统计和数据模型的分类。

常见的分类方法包括 Logistic 回归、分类树、支持向量机、贝叶斯网络等。Logistic 回归通过 Logistic 函数对模型截距和系数进行估计，将单个参数的质量统计和模型当作一个整体，并将预测映射到 0—1 之间，即某个类别的概率；分类树使用信息增益或增益比率来划分节点，每个节点样本的类别情况投票决定测试样本（Kemei）或者转换，将数据映射到高维空间并分为均匀的子群；贝叶斯网络包括一个节点表示一个随机变量，关系强度则由条件概率表示，能进行不确定条件下的分类推理。

（3）聚类：基于物理或抽象对象集合的内部结构，将其分为由类似的对象组成的多个集群。

常见的聚类方法包括 K 均值聚类、AP 聚类、DBSCAN 聚类等。K 均值聚类是从数据中选出 K 个点代表聚类的中心，并通过计算剩余样本到聚类中心的几何距离，划分各集群；AP 聚类是利用两个样本点之间的图形举例，确定集群；DBSCAN 聚类则通过样本点的密集区域确定各集群。

（4）降维：降维是对模型参数进行简化，其主要目的在于保证模型的有效性，减少模型的复杂性，同时去掉数据集夹杂的噪声，增强数据的可解释性。

常见的降维方法包括特征提取和特征选择。特征提取是将原始的多个特征合成为较少的新特征；特征选择是选择重要的特征子集用于模型的建立，同时忽略其他的参数。

3.4.2 数据互联：实现四大互联

真正的数字化技术不在于数据的产生，而在于对数据的应用，如果数据不能应用，那也就失去了价值。实现数据的价值，就一定要摆脱"数据孤岛"，让数据互通互联。数据互联，要实现以下三个元素——数据与数据的互联、数据与业务的互联和数据互联的环境。

1. 打通壁垒：实现数据之间的互联

随着我国数字治理的成效不断显现，对企业数字建设有了更多的要求。

然而，当下的环境，数据壁垒依然存在，造成企业战略目标难以实现，创新应用能力不足，特别是财务部门乃至企业全体员工的数据素养有待提高。

另外，由于企业部门间的数据共享并未打通，导致数据难以同步，数据之间仍存在沟壑，无法更好地实现数据之间的有效整合，形成了一个个"数据孤岛"。大量有价值的数据资源不能发挥其作用，数据无法联通、不能共享，这阻碍了企业的内外部沟通与良性发展。

因此，各方都需要打破数据壁垒，建立各业务数据之间的因果关系，实现业务数据之间的联动，使得企业各部门的信息数据以合理有序的方式相互联通、互相影响，解决数据之间的交互问题，控制业务数据的质量。

2. 加速业务与数据的融合

数据的创造者和采集者会生产、掌握大量数据，但这些数据的价值往往不是在生产者和采集者环节体现的。数据价值如何被上游、开发单位、建设单位、规划单位看到，同时延伸到下面的施工单位，甚至到运维单位，与业务的各个层面融合，与整个产业链融合，产生合理、完整的生态体系，这是最关键的。

对于制造业（包括建筑业）来说，数据价值是一个企业数字化、信息化发展的关键驱动因素。大数据在新型制造行业的应用，将产品研发、设计和生产等流程与数据融合在一起，进而提高生产效率。

要努力推动数据要素的流通，增强数据服务于业务的效能，特别是发挥数据在企业战略管理、财务预算分析、决策管理、预算预测模型建立等方面的应用价值，进而加速业务与数据的融合，推动企业各部门间的协同作用，提高企业的核心竞争力。

3. 实现数据互联的环境

如果将建筑行业的历史分为不同的发展阶段，那么行业目前已经步入互联时代。互联是在工作流程上互联，在不同产业链的不同阶段互联，在不同的应用当中互联，在不同信息化和数字化之间互联。如果要实现这些目标，需要一个强大的生态环境支撑互联互通。

要想实现数据互联，首先要有坚实的、开放的数字化平台。这个数字化平台可以是一个兼容并蓄的平台，对不同的数字格式做到更好的连接。此外，大量服务型企业针对不同行业有针对性地开发应用，可以帮助企业在具体应用场景中把大平台上的数据更好地应用在某一具体阶段、节点或者场景，从而创造出数据价值。这一价值能够促使更多数字化的数据整合到平台上，形成丰富的、海量的同时又是结构化的数据平台，便于实现更多应用。

总之，企业需要提升数据素养，营造数据互联互通的平台环境。数据互联互通代表企业发展的融合协同，赋能数字经济转型升级，通过业务数据共享共用机制，打破部门间"数据壁垒"，有效防范和化解"信息孤岛"。

随着新一轮商业环境的出现，打通数据壁垒、实现数据互联不再是单纯的数据流通和共享，还是保障数字经济的产业生态和数据安全的监管体系。在实现数据互联互通的过程中，企业需要充分协调和发展业务与数据之间的融合关系，发挥数据要素的最大价值，避免"数据孤岛"带来的信息闭塞等问题。

3.5 人才变革

数字化人才是实现数字化转型的关键要素。

"数据即洞察",数据意味着互联。在互联网时代,大部分创新都是现有事物的重组,需要有能力的人才联结共享创新。建筑业人才固守原有技能和岗位职责而忽视整体数字环境变换,不仅无法迎接数字风口,而且极有可能面临被新型人才替位淘汰的局面。

3.5.1 建筑业人才现状及问题

当前,建筑业面临总产值持续增高,企业数量持续增加,但从业人员数量持续减少的局面。

由于互联网和科技的快速发展,新兴科技行业焕发出蓬勃生机。相比之下,建筑等传统行业的发展前景在从业人员的眼中略显暗淡,越来越多的年轻人开始逃离建筑业。

据国家统计局《2021年农民工监测调查报告》显示,2011年,农民工平均年龄为37.3岁,而到了2021年,农民工平均年龄已经提高至41.7岁,且呈现出年龄加速上升的趋势。

建筑业的行业性质和工作环境决定了其具有劳动密集特性,进而导致建筑企业的人力需求量较大,人员供需也是一直处于供不应求的状态。

而劳动力短缺以及由此带来的人力成本上升等问题将会推动建筑工业化

的进程，而技术的进步和规模的扩张也会推动建筑工业化成本的降低。

随着数字经济发展，以 5G 技术为代表的新基建出现，数字技术、工程技术人员等数字职业出现在了新版《国家职业分类大典》中，未来的建筑业将朝着更加专业化、科技化的方向发展。

因此，数字化对解决建筑行业一直以来的人才困扰也有很大的助益。虽然短期内行业从业人数暂时减少，但从促进建筑业的良性发展来看，数字化对解决行业人才困扰有一定推动作用，并且持证上岗、强化执业门槛也将成为今后建筑业发展的趋势和硬性要求。

当前，行业的最大问题是人才供给侧与需求侧的不平衡，人才供给的数量以及数字化质量均不能满足需求。

产业升级是建筑业发展的必经之路，我国工业互联网平台逐渐从概念框架走向落地深耕，人才变革将成为助力建筑业转型升级的新动能。

快速发展的数字建筑也对人才提出了更高的要求。无论是 BIM 技术，还是具有施工效率高、环保等优点的装配式建筑，国内都暴露出人才严重不足（如人社部确认未来五年我国各类企业对 BIM 技术人才的需求总量将达到 130 万）、人才结构不合理（如装配式建筑产业链条是彼此断裂的"孤岛"，设计、建筑企业、装配式工厂各自为政，人才分布不均，技能单一），这些问题给建筑业数字化转型与国家发展带来巨大的挑战。

3.5.2 数字化对建筑业人才的新要求

数字化时代的一个特点是长期主义，BIM 是跨建筑业全生命周期的，装配式建筑厂商是标准化下的长期作业，大数据、GIS、5G、人工智能等新技术让服务更加全面与高效，这让更多技术企业从试用新技术的不确定进入新技术的快速学习、广泛应用，这需要新型人才保持开放与协同，在积累行业经验的同时具备数字技术。复合型的跨界人才正是"创新时代"背景下最被看好的"香饽饽"。

早年由于高校的扩招，建筑业涌入了大量从业人员，行业人才密集度高；加之国内很多设计院的内部流程体系是连续性的，导致一线设计师在工作环境中更像一颗螺丝钉。

数字化意味着以后可能不再需要更多的"螺丝钉"型劳动力，而且现在技术进步和国际竞争的日益激烈使得创新成为主流。对于建筑人来讲，个人的独立思考能力、勇气和魄力也显得尤为重要。

随着数据基础设施的不断完善，未来可以使用的数据将极为丰富，数据的使用成本也会更低，数字化相关技能和基于数据进行治理和分析将变得尤为重要，对应的建筑数字人才市场也一定会持续走强。

掌握信息技术的项目管理人才和掌握智能建造技术的工程技术人才会成为建筑行业的中坚力量，在业内将更受欢迎。

在数字化时代下，数字化人才是企业数字化转型的根本保障，是企业数字化转型和发展最核心的要素。只有通过科学的方法选择和培养合适的数字化人才，企业才会在转型变革中获得最终成功。具体来说，数字时代对建筑人才提出了四大新要求。

1. 具备数字化战略眼光

数字化战略眼光主要体现在大局意识、前瞻洞察、统筹规划三个层面。数字化时代建筑人才要在现有数据的基础上，站得更高，看得更远；要动态关注市场、行业的变化；要抓住问题的深层本质做到通盘筹划；要能把握现在、思考未来，并结合市场的动态、科技去实现企业数字化转型。

2. 具备数字化思维

数字化思维主要体现在概念思考、系统思考、数据敏感三个层面。概念思考要求数字化人才在万物快速变化中，面对各方面的不确定性，仍然有清晰的概念和框架思考，能在模糊的情境中基于数据找到确定性。系统思考要求数字化人才把握问题内在本质，多视角、多维度考虑问题。数据敏感要求数字化人才能敏锐觉察行业、公司中的数据变化，能透视数据变化背后的原因和逻辑，并有针对性地采取有效的应对措施。

3. 具备数字化执行力

数字化执行主要体现在结果导向、在线协作、灵活应变三个层面。结果导向要求数字化人才把结果作为衡量行为的重要标准，不过度关注过程。在线协作要求数字化人才能借助科技手段，通过在线远程交流、协作，实现内外部问题解决与资源调配。灵活应变要求数字化人才思维迅速、反应敏捷，能灵活应对突发事件和问题。

4. 数字化创新

数字化创新主要体现在开放包容、突破创新、持续学习三个层面。开放包容要求数字化人才包容万物，积极接纳和学习新知识、新理念。突破创新要求数字化人才不因循守旧，不墨守陈规，要基于数据动态，有新思路、新想法。持续学习要求数字化人才有持续自我提升的动力和行为，不断丰富和拓展自己的知识领域。

数字化人才是企业数字化转型的基石，是推动企业发展的动力。数字化人才将不断地探索与创新，助力企业数字化转型。

3.5.3 建筑业数字化人才转型培养路径

建筑业人才变革分为两个方面：一是传统人才的转型，即如何让传统的建筑从业人员，特别是传统的建筑工人适应数字化的作业；二是数字化人才的培养，特别是建筑业的数字化会催生出一些新的职业和工种，这会造成市场上的大缺口，应该思考如何培养相应的人才来适应行业转型。

1. 建筑数字化催生两类人才需求

在当前国家战略、行业转型需求等大背景下，建筑业数字化转型对人才的需求可归纳为两大类。

第一类是ICT产业人才。ICT产业人才即从事信息基础设施和融合基础设施研发的ICT技术人才。这部分人才能否满足行业的需求呢？根据中国软件行业协会发布的《中国ICT人才生态白皮书》披露的数据来看，2020年ICT产业人才总体需求缺口接近1100万人。随着行业数字化转型进程的不断加速，ICT人才需求缺口依然在持续扩大。

第二类是专业化复合型人才，即掌握信息技术和智能建造技术的工程技术与管理人才。

2. 传统建筑从业者转型

当传统建筑产业工人遇到数字化转型，如何让他们迅速适应？通常的思路是培训，但想要迅速转型，在培训方法上也要有新思路。

一是注重实操和新技术的培训。在开设传统的砌筑、钢筋、测量等工种的同时，也要瞄准行业前沿动态方向，靶向开设构件制作、构件装配等新技能培训。还可以利用BIM技术、数字信息化手段开展消防安装工和污水处理工的教学。

二是在"匠"字上下功夫。数字化转型的目标是精益化制造，因此，除了学习数字化技术本身之外，从业者的整体素质也需要提升。

很多工人在施工时基本上是按照经验进行操作，对一些施工工艺的要求只知其然，不知其所以然。通过职业理论知识、职业认同和工匠精神的教学，可以提高工匠的技能水平和综合素质，使建筑产业工人由"工人"转型到"匠人"。

三是在"融"字上下功夫。要注重教学培养的针对性、实效性。根据需求进行多元化、差异化的培养，紧跟工作实际需要，解决工学矛盾，推行"按需施教，精准培养"的原则。

四是分层培养。要建立分层分级的数字化人才培养体系。数字化人才是分层级的，不同的阶段对人才知识、素质、技术的要求不同，针对不同层级的数字化人才，要制定不同阶段的"学习地图"，进行不同层级的能力培养。

3. 数字化人才的培养

建筑业数字化人才的培养需要社会、企业、高校各方联动起来，共同推动。

（1）院校教育。

院校教育的定位是专业教育，通过基础理论知识、技术技能的教学，培养学生数字化思维、分析解决问题的能力和创新能力。需要注意的是，这里的专业教育是指通过高等院校完成的，包括普通高校、职业高校、成人高校。培养的目标是土木建筑工程专业的研究生、本科生、专科生。

（2）社会培训。

社会培训的定位是职业教育，通过新技术、新技能、工具软件、实践案例的教学对从业人员进行知识更新，培养其数字化应用、运营和领导能力。目前的主导机构为行业的学会、协会、高校以及社会培训机构，培养的目标是各层次的专业复合型技术管理人才。

（3）企业培训。

企业培训的定位是职能教育。在数字化转型的过程中，从业人员不同的岗位职能和对职责的把控能力，需要通过新技术技能、工具软件、流程职责学习，包括岗位培训习得。

（4）公共教育服务。

公共教育服务的定位是持续教育。终身学习就要持续教育，通过公共教育服务平台、网络在线教育等，提供培训课程、技术咨询、服务和资源等，培养从业人员自我持续学习能力、更新知识能力、提升技术能力。这方面教育服务主要由政府、行业、协会、学会以及高校培训机构提供。

比如，清华大学的许多课程就是网络公开课程。课程主要集中在BIM、数字技术、智能机器和智能建造四个方面。目前主要有以下几种模式：

- 改造既有课程，在BIM课程设置上，将数字化技术融入基础课程和专业课程，以新的数字化手段改进教学方法。

- 新开课程，需要明确培养目标，建立完整的课程体系，梳理并建立全新的课程内容。
- 增设新专业，要明确专业方向和培养目标，建立完整的教学体系，它不只是一门课，而是系统地确定每一门课程的相关内容。
- 整体改革培养模式，需要提升培养人才的目标，通过融合通识教育和专业教育，改革教学体制、课程体系、管理体系。比如，斯坦福大学和卡内基梅隆大学的做法是对整个体系进行比较彻底的改变，它们用的是模块化的课程组，完全把数字技术、人工智能技术和专业课程相融合。

3.6 客户赋能

建筑行业的数字化不仅可以为施工型企业赋能，还可以为整个产业链及其上下游（包括业主和客户）赋能。

3.6.1 赋能供应链

用数字化赋能建筑供应链，最终受益的不只是施工建筑企业，而是整个产业链。

1. 建筑供应链的概念

根据建筑业的特点，类比制造业，建筑供应链的定义为：为了响应业主的有效需求，以总承包商为核心企业，围绕建设项目全生命周期，通过对物资流、商业流、信息流、资金流的控制，将设计商、分包商、供应商、租赁商、物流商等伙伴企业联为一体的功能型网链结构模式，以此构成提供建筑产品和服务的交付网络。

建筑供应链的概念注重围绕核心企业的网链关系，每一个企业在供应链中都是一个节点，节点和企业之间是一种需求与供应的关系，建筑供应链既是工程建设业务链，又是多组织关系网链。

建设项目多组织关系网链中的众多参与者构成了网链模型的众多节点，参与者彼此间的任务关系成为节点间的连接线。

2. 传统建筑供应链的痛点

传统建筑供应链存在显著的难点和痛点，可以总结为"三个不同步"。

一是协同不同步。主要存在于企业内部，信息流不通畅、资金流受限制、合同流不规范、物资流不确定。

二是内外不同步。回到供应链本身，建筑业企业和供应企业之间的供采关系是核心要素，而我们还是习惯于把这个关系当作贸易关系，没有把它升级为生产关系，这是一个极大的不同步，也意味着我们没有充分享受到供给侧升级的红利。

三是能力不同步。供应链的基础能力包括供应商管理能力、资金能力、物资一体化管理能力、数字化能力等。能力不是孤立存在的，也不是静态的，它会受到企业战略要求和资源投入的双向挤压和牵引，所以我们的能力建设要保持动态同步适配，要将能力沉淀在组织上，这也是建筑供应链上的各个参与方要持续面对的问题。

3. "三步走"助力数字供应链转型顺利落地

目前，以"数字化采购"为核心的数字化供应链建设在部分企业已初见成效，很多企业已经具备了供应链数字化的基础。整个产业的社会化服务也在蓬勃发展，物流、金融、质量保障、平台服务等让整个建筑供应链的数字化转型有了保障。但也有很多企业想要转型，却不知道该如何转。怎么办？推荐大家按照"三步走"去做（如图3-5所示）。

第一步，招采业务数字化。

招标采购业务是整个建筑供应链管理的核心，数字化转型可以从这个环节开始。将需求侧的项目需求数字化，同时将供给侧的供应商资源数字化，从而实现信息流的畅通。

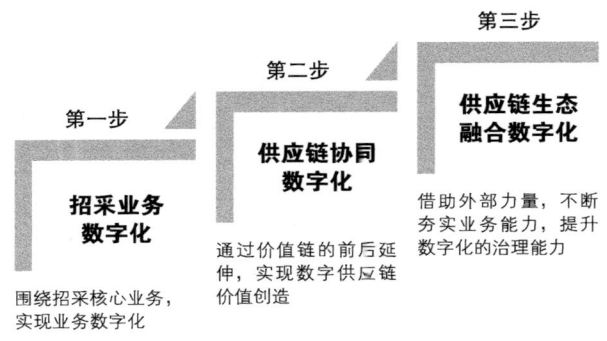

图3-5 数字化供应链"三步走"

在实际业务中,建筑企业的采购需求分散,而且招定标的决策权分散在各项目经理手中,定标结果的好坏取决于项目经理的个人水平,供应商的评价好坏仅留存于单个人员手中。企业内部数据没有打通,使得招采业务流程及合规性方面存在诸多的漏洞及隐形风险。

依托数字化的在线管理,实现招采业务流程的数字化,从供应商寻源、考察、资格预审、产品选型、供应商入库、线上招投标、电子合同、电子签章等实现数字化管理,让招采业务标准化、透明化,实现业务流程可知可控。企业通过招采业务数字化,能使招采工作提质增效。

第二步,供应链协同数字化。

招采业务数字化实现了信息流的畅通,基于此招采工作向价值链前后端延伸,打通全价值链,将供应链管理转化为供应链价值。

交易前,实现需求的集中管理。建筑企业的项目业态多,需求分散在各项目上,通过数字供应链集中管理各项目需求,合并同类项,达到集约化采购的目的。

交易中,打造企业物资采购平台。基于各项目的物资采购需求,实现采购物料的集中管理,打通物资流。

交易后,落实供应商履约评价并基于合约履约结算等推动供应链金融,打通物流与资金流。

通过全链条的覆盖，实现供应商资源与项目需求的集中管理，真正发挥供应链的价值，保障各项目的交付落地。

第三步，供应链生态融合数字化。

通过完整的数字供应链管理平台，融合集团层的经营决策需求、企业层的业务指导需求、项目层的作业落地需求，满足企业不同角色的工作开展。

同时，企业的供应链建设并非一成不变，而是要与行业生态融合，夯实数字供应链的治理能力。供应链管理的关键环节包括供应商服务、招投标服务、金融服务、支付服务等，这有利于提升企业的供应链竞争力。

比如，围绕供应商的治理，与第三方平台的数字供应商库打通，不断引入供应商资源活水，激活存量供应商，建立优胜劣汰的淘汰机制。同时，通过第三方输出的 QCDS 认证服务，提升供应商的选入质量。"十四五"期间，建筑业大力发展绿色建筑，通过绿建供应商认证优化供应商的资源结构就是很好的例子。

数字供应链涵盖工程建设的全过程，涵盖了多参与方，关联了生产要素与管理要素，实现了内部各层级的业务诉求以及内外部之间的协同。

4. 打造个性化供应链

数字化还可以赋能建筑供应，使个性化供应链成为可能。

建筑建材企业的供应链服务涉及众多环节，包括原材料采购、生产加工、物流配送、售后服务等。如果供应链服务没有进行个性化定制，很容易出现一些不必要的环节和流程，导致供应链服务效率低下。通过个性化供应链服务的个性化定制，可以减少不必要的环节和流程，提高供应链服务的效率。

个性化供应链服务是建筑建材企业数字化转型的新方向，可以提高供应链服务效率、客户满意度和数字化转型水平。企业需要充分认识个性化供应链服务的重要性，加强技术研发和人才引进，优化供应链服务流程，提高服务质量和效率，实现数字化转型的新突破。

3.6.2 赋能客户，提升感知价值

数字化可以让物业服务通过"客户反馈—现场处理—事后评价—管理优化改善"形成闭环。比如，客户反馈渠道的数字化建设，可以通过与企业微信全面合作，将原本分散的业主线上沟通渠道变成统一的数字化渠道。

在现场处理环节，通过智能化手段对客户反馈的问题和诉求进行问题抓取，并且自动和工单系统对接，有效协助处理管家在庞杂的事务中的疏漏，解决业主需求。现场各类服务可以通过算法形成智能化的工单调度。比如，碧桂园服务的智能工单系统响应速度是100毫秒。

1. 赋能小区治理

智慧社区解决方案的核心在于以业主为中心，这不仅是一种经营理念，更是一种社会责任和人性化服务的体现。

借助先进的技术手段，智慧社区将全方位打造一个安全、舒适、便利的生活环境，让每一位业主都感受到真正的关怀与温暖。比如，优化事后评价和改善环节与业主体验之间的断层，这些环节上的软硬件优化，将大幅提升管理运营效率，持续改善所有环节的客户体验。

除此之外，通过让业主参与到小区治理工作中，可以让数字化更好地赋能小区治理，释放青年业主的活力。

2. 智慧硬件提升便利性和安全性

在智慧社区中，业主能享受智能安防、智能照明、智能电梯等众多智能化服务，这些服务不仅提升了居住安全性与便利性，还让每位业主都能感受到贴心的关怀。同时，智慧社区还将致力于打造一个更加绿色、环保、健康的生活环境，通过智能化技术手段减少能源浪费、保护环境，从而让每位业主都能感受到绿色环保理念的重要性。

此外，智慧社区还为业主提供了更加广阔的社交空间和交流平台，使邻里之间可以更加紧密地联系在一起。通过智慧社区的智能化服务，业主们可

以更加便捷地获取各类信息和资源,从而真正感受到智慧社区带来的生活品质的提升。

可以说,智慧社区的核心理念就是以业主为中心,打造一个安全、舒适、便利的生活环境,让每位业主都能感受到关怀与温暖。

通过智能化技术手段的应用,智慧社区将为业主带来更多元化、个性化的服务体验,让每位业主都能感受到温暖和贴心的服务。

3.7 绿色化和数字化

随着中国"绿色建筑"相关政策不断出台,特别是"双碳"战略的提出,绿色、低碳、节能已然成为建筑业发展的风向标。2022年3月,住房和城乡建设部印发的《"十四五"建筑节能与绿色建筑发展规划》中明确提出,到2025年,城镇新建建筑全面建成绿色建筑,完成既有建筑节能改造面积3.5亿平方米,建设超低能耗、近零能耗建筑0.5亿平方米以上,装配式建筑占当年城镇新建建筑的比例达到30%。

绿色化是建筑业数字化转型的目标和方向,同时行业数字化也能为绿色化赋能。

3.7.1 绿色化是建筑业的发展方向

我国"十四五"规划等文件已经明确提出了2030年碳达峰、2060年碳中和的目标。

"3060"目标的提出,将加快我国调整优化产业结构、能源结构,倡导绿色低碳的生产生活方式。中央经济工作会议将做好"碳达峰、碳中和工作"列为2021年八大重点任务之一,明确要求抓紧制定2030年前碳排放达峰行动方案,支持有条件的地方率先达峰。2021年2月,国务院印发《关于加快建立健全绿色低碳循环发展经济体系的指导意见》。2021年10月,国务院印发《2030年前碳达峰行动方案》。

1. 建筑业"绿色化"对"双碳"目标意义重大

21世纪初，我国即提出了"三大节能"战略：建筑节能、工业节能、交通节能。其中建筑节能的比重最大，据相关权威研究表明，在三大能耗中，建筑能耗按标准煤统计约占全社会总能耗的43%，其中建筑运行能耗约占23%以上，建造和建材能耗约占20%。因此做好建筑节能在"三大节能"战略中意义重大。目前我国既有建筑面积存量已非常庞大，2021年全国新竣工房屋面积40.83亿平方米，当年在建房屋面积157.55亿平方米。

由此可见，如果建筑能耗这个碳排放大户不能得到有效控制并早日实现"碳达峰"，那么"3060"目标就无从谈起。

联合国环境规划署也表示，建筑行业消耗了全球30%～40%的能源。其中，建材生产阶段、建筑运维阶段的碳排放量占比最大，相比较而言，施工阶段能耗并不占主体。

2. 数字技术与绿色建筑深度融合是趋势所在

近年来，建筑行业发展呈现两个趋势：一是数字技术与绿色建筑深度融合，突出智能低碳为特征；二是个性化定制与标准化装配广泛应用，突出优质高效为特征。由此引发了建筑业四大革命——建造革命、材料革命、低碳革命、数字革命。

（1）建造革命。

装配式建筑成为主流新型建造方式，预计到2025年，全球装配式建筑市场规模将达4932亿美元。按照相关要求，到2025年我国装配式建筑占新建建筑的比重将达到30%。

装配式建筑更加环保，同时也符合民众对美好生活的新要求。

（2）材料革命。

当下正在发生一场以绿色化、数字化、智慧化为特征的材料革命。具体表现为以下四点：

一是配合国家重大战略部署，涉及建材行业节能减污降碳的重大关键技术正在开展攻关。二是高强度高性能混凝土、高强度钢筋、高耐久性材料不断推广应用，很好地减少了原料对生产加工、交通运输以及电力的基本要求。三是以低碳节能为首要目标的绿色环保建筑材料，如绿色高性能混凝土（GHPC）、再生骨料混凝土（RAC）、绿色墙体材料等应用加大。四是轻质材料正在研发推广过程中，轻质材料能够有效延长建筑的使用寿命，同时节约部分施工材料，提高运输和吊装的工作效率。

（3）低碳革命。

大力推动绿色建筑朝近零能耗方向发展。从低能耗建筑向超低能耗建筑、近零能耗建筑发展，加大先进节能环保技术、工艺和装备的研发力度是全球大趋势。我国也出台了一系列政策措施，且多地已开始试点。

此外，社会各界越来越认可"隐含碳"的分析方法，即测算建筑耗能必须把建筑的整个生命周期考虑在内，除包括传统意义上的运营碳排放外，还包括设计、制造、运输、施工、拆除等各阶段排放的物质。

（4）数字革命。

目前，数字化催生出的绿色社区、智慧社区、智慧城市的概念正在被社会和民众普遍接受和认可，社会和民众对绿色化、智慧化生活充满期待。

面对这种形势，建筑行业大力发展数字化和绿色化转型，通过数字化赋能绿色化是时代的必然选择。

3. 绿色化和数字化赋能整个国民经济

绿色化和数字化也是国家经济复苏的战略要求。这是因为建筑业是我国国民经济的支柱产业，关系建材、冶金、轻工、电子等50多个相关产业的发展。

建筑部门的绿色发展和低碳转型，不仅将从产品形态、商业模式、生产方式、管理模式和监管方式等方面重塑建筑业，还可以催生新产业、新业态、新模式，为跨领域、全方位、多层次的产业深度融合提供应用场景，培育壮大新动能。

3.7.2 数字化和绿色化深度融合

一方面,数字化转型可以赋能绿色化;另一方面,社会对绿色化的追求,也为数字化转型创造了更好的环境。数字化和绿色化可以深度融合,两者协同发展。

1. 智慧绿色建筑

绿色化和数字化的深度融合,创造了一个新的概念——智慧绿色建筑。

"智慧绿色建筑"是"智慧建筑"和"绿色建筑"的有机结合体,通过"建筑4.0"及其数字工具集合来实现建筑全生命周期建设和管理的数字化、智能化、绿色化,实现建筑投入使用后的低碳环保、智能响应等功能。

"智慧绿色建筑"吸收了"智慧建筑"将建筑视为一个生命体进行全生命周期的智慧化管理、能源效率评估及与环境互动的概念,并且强化了"绿色建筑",利用数字化技术实现"绿色施工、绿色建造、新型建筑工业化"的方法。

从实践角度讲,智慧绿色建筑是通过数字化手段运用"新的运营模式",创造出更安全的工作场所、更具弹性的部门和更高技能的劳动生产力,支持建筑全生命周期的设计、建造和运维,从而实现建筑的智慧化、绿色化、高质量和可持续发展。

2. 数字化赋能绿色化的三大角色

在利用数字化技术促进建筑业绿色、高质量发展的过程中,涉及三个重要角色——政府、数字平台和行业团体。

政府是重要的政策制定者和"信息中介",通过政策和法律法规为智慧绿色建筑落地提供政策指引并提供公共数字环境。

数字平台是建筑业打通政府与企业、产业上下游通用数据"纵横"流通的关键节点,是打造建筑业数字生态系统、推进新型建筑业发展的基石。

行业团体则是由AEC行业中基于"数字化转型发展战略思维共识"而聚集,共同推进建筑数字化、智能化、绿色化发展的各行业主体组成,它们共同致力于新型建筑行业一体化发展。三大角色都应承担相应的责任。

（1）政府层面，要明确发展路线，完善配套政策。

建筑行业"十四五规划"提出之后，亟须进一步明确建筑部门的数字化发展路线，即出台新的信息化、数字化、智能化发展指引文件。

比如，促进建筑行业的通用数据在保护企业知识产权的前提下，促进领域内的开放和共享；为建筑行业明确"双碳"目标的气候贡献，如要求企业在制定投资战略时提供碳预算；定期调整规范框架以适应数字技术的应用和变化要求。

（2）数字平台层面，打造生态系统。

构建数字建造创新平台，将BIM、数字孪生、互联网、大数据、人工智能、机器学习、扩展现实等数字技术与工程建设深度融合，从建筑全生命周期——规划设计、建筑施工、运维管理、建材废料回收等环节入手，全面提升建筑智能化水平。

依托金融科技产业互联网平台，打造可信建造数字产业生态圈，基于数字建造创新平台及物联网、区块链等信用认证相关技术，创建可信建造数字金融平台，深入分析行业供应链总成本结构，降低绿色供应链总成本，提高建筑行业生产率和利润率。

与此同时，依托新兴产业创新平台，推广多点支撑区域辐射效应。

（3）行业和企业层面，要形成数字化转型共识，开拓数字战略思维。

利用数字技术推动企业转型升级，改变传统建筑行业"高污染、高能耗、低效率、低品质的粗放型发展模式"，转向"绿色化、工业化、智能化的高质量发展模式"。

改变建筑行业企业"一次一方法"的战术性数字技术应用思维，在生产、运营、服务等创新方面，综合考虑节能降耗（绿色化）、BIM数字技术改进（智能化）、施工流程优化（高质量发展）等目标之间的关联性，加强通用数据的信息共享和流通利用，培养数字战略性思维和能力。

第 4 章
建筑业数字化转型案例：方法与实践

作为建筑行业的一员，数年前，我们就开始着手研究和实践数字化转型，服务了数家企业和社区。在打造这些数字化项目的过程中，我们积累了丰富的经验，也加深了对数字化的理解，掌握了实操要点。在此，将我们服务过的部分案例的数字化转型理念和实务呈现给读者。

第 4 章
建筑业数字化转型案例：方法与实践

4.1 案例一：智慧化风场

4.1.1 项目背景

为更好地支持某海上风电项目的建设，实现项目风机区域、海上升压站和陆上集控中心等作业面的无线通信网络覆盖，特针对风机施工船、海上升压站及陆上集控中心等智慧软硬件开展远距离海上通信网络系统建设，使陆上集控中心可实时查看海上作业面的高清监控视频图像，提高陆上集控中心对项目在建设过程中的远程办公、安全监控、应急响应等涉及海上通信系统环节的调控能力。

1. 完成关键对象建模及深化应用的数字孪生风场

贯穿设计及施工全专业 BIM 建模及应用为工程建设提质增效。在设计阶段，建立海上风机、升压站及陆上集控中心等模型，实施设计方案复核及深化，提升设计方案的质量及有效性。在施工阶段，通过 BIM 可视化的方式对现场布置、施工方案、4D 建造及工艺进行模拟和深化，提前规避方案问题，提升方案可实施性，为工程建设直接降低返工成本和风险，提升整体实施水平。在竣工阶段，通过施工阶段形成的精细 BIM 模型以及施工过程中的数据，建立实体资产对应的数字化资产，为后续数字孪生运维系统提供基础和底座。

2. 满足基建期和运营期施工管控及海事通航监控需求的智慧化系统

为确保某海上风电项目在基建期和运营期的各项工作，特别是在施工船舶管理、施工人员管理、施工进度、视频监控、风场气象等方面工作的顺利开展,并同时满足海事局监管的要求,我们将开展海上风电智慧化系统建设,该系统包括船舶管控、人员动态管控、设备制作进度管理、供货进度及运输管理、施工现场视频监控及异动告警、图形化工程进度管理、风场气象预报预警、风场施工安全管理和工程建设指挥中心等功能。智慧化系统将充分运用 AIS 技术、VHF 技术、物联网技术、视频监控技术及电子围栏技术等先进技术,创新海上风电项目的进度管理及项目管理方式,为某海上风电项目提供全面的数字化管理和监控措施。

4.1.2 施工期通信网络系统建设方案

1. 项目场址分析

某海上风电项目共有四个场址,场址距岸线直线距离最近为 47 千米(H17# 场址),距岸线直线距离最远为 80 千米(H8-1# 场址),为实现四个场址施工期的各风机区域、海上升压站以及陆上集控中心的网络通信需求,需要建设一套覆盖海上施工全作业面的通信网络系统。

2. 总体分析

通信网络系统建设包括船舶高速接入网络和船载无线网络系统。船舶高速接入网络在 80 千米传输距离时船站接入芇宽 100Mbps,满足监控视频传输、移动办公等需求。

海上升压站及施工船选择高点部署无线终端站(简称船站),与部署在岸上的智能接入基站(简称岸站)实时互联,再通过互联网与陆上集控中心相连,实现船舶高速接入网络。可用于船载视频信息和无线网络信号的传输。

岸站接入宽带网络,将宽带信号传输到陆上集控中心、船站,施工人员通过移动终端连接施工船的无线 AP 进行移动办公和无线上网,满足船上人员的移动办公需求。

第 4 章
建筑业数字化转型案例：方法与实践

3. 通信网络架构

结合某海上风电场的场址分析及三峡集团视频监控相关要求，我方将于海上升压站以及各施工船舶均部署无线终端站（以下称船站），岸上部署智能接入基站（以下称岸站），船站接入岸站覆盖网络。

岸站接入互联网，宽带网络通过船岸无线高速网络接入船站，船站使用无线 AP 实现无线网络覆盖，为施工船上人员提供网络服务。施工船船载监控视频通过无线网络接入陆上集控中心，陆上集控中心可通过系统软件查看施工船实时视频。其通信网络拓扑图如图 4-1 所示。

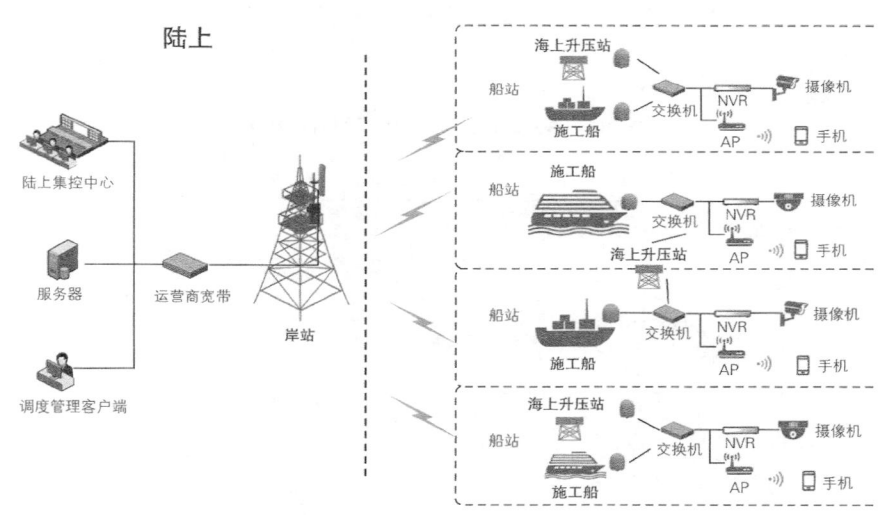

图 4-1 通信网络拓扑图

4. 互联网接入

船上视频数据须通过互联网传入陆上集控中心的监控中心，从而实现陆上集控中心可通过软件远程实时查看船上监控视频。由于海上升压站、施工船上用户存在上网需求，需要将岸上智能接入基站、接入互联网，把岸上的宽带网络通过船岸无线高速网络传输到船站，满足海上升压站、施工船上用户和设备的用网需求。

5. 无线网络覆盖

为满足船上施工人员在海上升压站及施工船舶上所有位置都能使用网络的需求,本系统实现船站无线网络的全覆盖。

4.1.3 数字孪生风场方案

海上风电项目是在能源数字化转型的大背景下,运用 BIM 技术、大数据、云计算、物联网、GIS 等手段,结合海上风电行业的特征打造的大型三维数字化平台。其中,BIM 视角海上风电场构筑物中应用内容如表 4-1 所示。

表 4-1 海上风电场构筑物 BIM 应用解决方案分解

项目阶段	构筑物分项	BIM 应用点
设计阶段	海上风机中风机基础、海上升压站下部基础、陆上集控中心	地质应用
	海上升压站、机电安装、集控中心道路、电缆敷设细部构造;管材标志,配色方案;海缆敷设路由方案、风机基础方案模拟	深化设计方案模拟
施工阶段	现场驻地、加工等布置;海上风机、升压、集控和电缆分项施工布置;施工平面布置	现场施工营地布置
	整体运输布置方案	交通通行方案
	所有构成构筑物影响因素整合,进行图纸审核	基于 BIM 图纸会审
	钢结构加工图深化,海上升压、陆上集控中心机电深化出图	三维深化设计
	单桩、海上升压站钢材、场地工程量清单、海缆工程量清单	工程量统计
	海上风机塔筒钢材焊接工艺、风机构筑物施二工艺、海上升压站下部基础施工工艺	复杂施工工艺模拟
	海上风场的安装与运输、陆上集控中心吹填方案、电缆敷设、海上升压横滚安装	专项施工方案模拟
	与施工工艺和施工方案相结合的施工 4D 模拟、	施工 4D 模拟
		轻量化可视化交底

续表

项目阶段	构筑物分项	BIM 应用点
竣工阶段	海上风机、海上升压站和陆上集控中心设备检修与管理	设备参数化信息与建管平台结合
	海上升压站和陆上集控中心材料采购与管理	材料参数化信息与建管平台结合

1. 智慧风场数字化 BIM 应用概述

根据风电构筑物分类，将按照施工周期、BIM 应用分解表，分别对设计、施工和竣工阶段的智慧风场数字化 BIM 应用概述如下。

（1）设计阶段 BIM 应用概述。

地质应用：智慧风场数字化 BIM 工作是在该三维地质的基础上，进行不同构筑物在该地质条件下的方案审核、优化与模拟，分为海上风机基础和设计方案模拟。海上风机基础是指在风机基础方案未确定的前提下，BIM 可根据地质条件、水文条件、经济、技术等因素，分别在三维地质模型上，对不同的风机方案、海上升压站及对应的设备选型进行方案模拟、优化、可视化审查与交底。

设计方案模拟是指 BIM 可以结合现场实际数据、施工方案和技术措施，配合现场进行变更前后的综合专业和技术的可视化方案评估与模拟，辅助设计和项目部快速评估变更后的设计、施工技术、方案和工程量是否合理（如图 4-2、图 4-3 所示）。

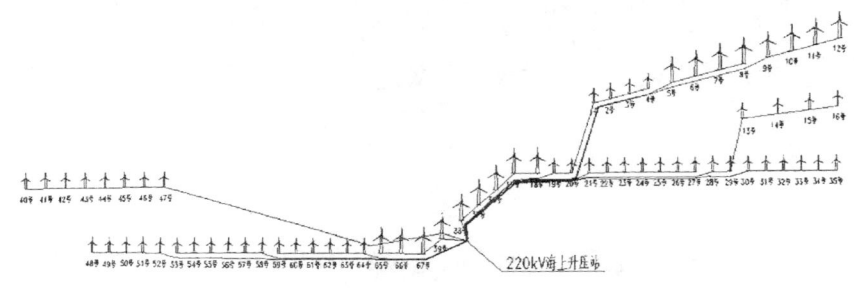

图 4-2　海底电缆路由调整前连接方案

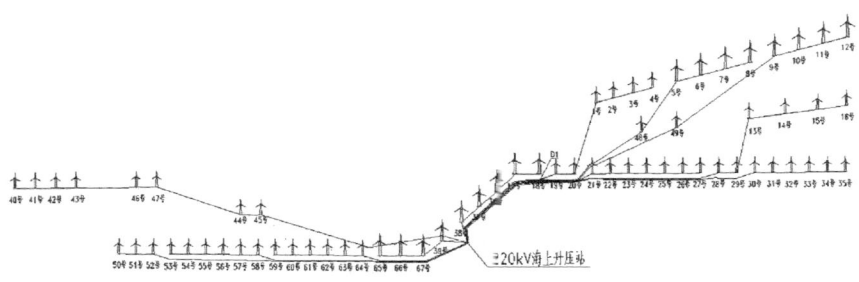

图 4-3 海底电缆路由调整后连接方案

（2）施工阶段 BIM 应用概述。

现场施工营地布置：根据海上构筑物整体布置情况，一般分为总平面布置、现场停车场、现场生活区和陆上集控中心。首先，可通过 BIM 视角，核查功能分区、功能区动态路径、材料运输路径是否合理，核查施工区域与非施工区域是否进行了严格划分，安全围挡的标志、高度是否满足规范需求，核查危险系数高的施工区域警示标志是否存在不明、缺漏情况；其次，核查现场临水接口位置是否最优化，与其他构筑物或者管线是否发生冲突，核查临电接口位置是否最优化、是否满足规范（如图 4-4 所示）。

图 4-4 BIM 可视化模拟现场施工营地

交通通行方案：海上风电项目存在大量的材料加工、设备运输方案工作，BIM 可以结合需要运输构件的场内和场外海上、陆上运输方案。BIM 可分别结合运输过程中海上和陆上的实际运输情况，提前以动画形式动态模拟超大或者超重物品在经过场外道路时的运输路径、转弯半径、影响交通范围、对道路或者桥梁是否存在损坏等，辅助项目部直观可视化对接交通管理部。

（3）基于 BIM 的图纸会审。

基于 BIM 的图纸会审工作，指的是三维模型可模拟工程完建场景，实现可视化漫游和多角度审查，提高设计方案的可读性和项目校审的精度。

基于 BIM 的图纸会审工作与传统图纸会审工作的区别在于：三维视角审核平立剖及复杂节点部分图纸问题，三维视角将其余场景或其他专业同步整合进来，如海上风电中的海上升压站建筑、结构、机电等全专业整合审核专项施工方案是否满足施工要求（如图 4-5 所示）。

（4）三维深化设计。

三维深化设计的应用，首先是在此模型基础上对各连接节点辅助厂家进行补充和细化，综合管线与预留洞口检验；其次是将海上升压站和陆上集控中心的机电设备进行管线综合排布、检修等细部深化，深化现场施工管线走向、核验检修空间以及综合模拟检修路径。

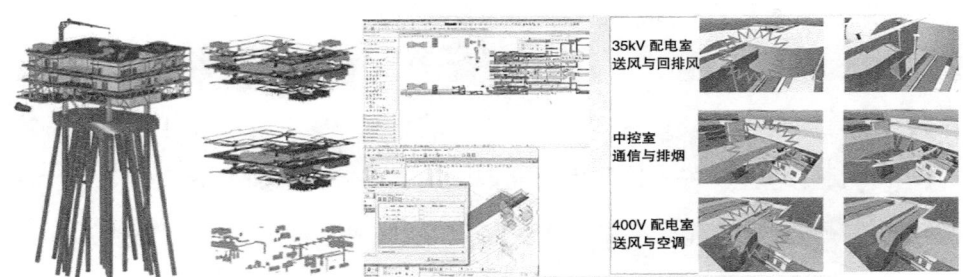

图 4-5 基于 BIM 的图纸会审

① 钢结构或预制砼梁、板预留洞口辅助钢构厂家加工深化。

海上风电项目中，为了避免项目部用钢在加工前以及施工过程中出现不必要的变更，BIM可以在钢架构加工前，根据设计意图，配合厂家加工的工艺技术，结合管线综合分析钢结构预留洞口与机电排布走向是否冲突，从施工视角核验钢结构在加工前的预留洞口定位（如图4-6所示）。

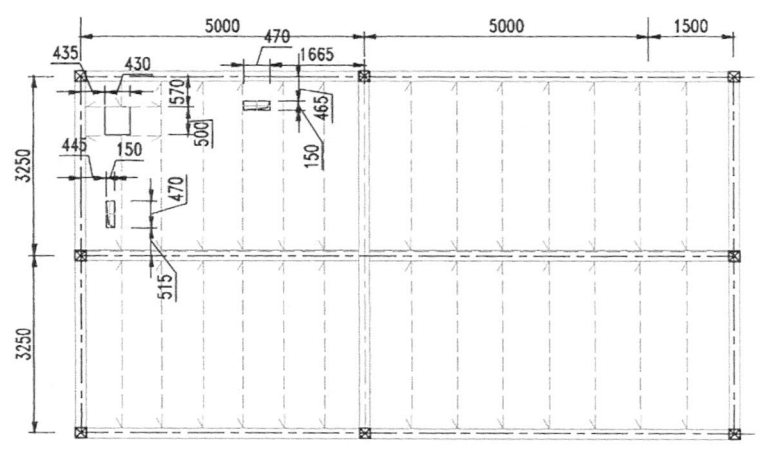

图4-6　BIM核验钢结构各楼层铺板预留洞口

② 大型设备安装中机电管线综合深化。

一般对主要功能房间和设备比较多的房间进行优化，梳理管线定位，核验支吊架定位、预留洞口是否满足施工需求，检修空间是否合理。因为BIM管线综合能实现以上几点目标，所以能有效地防止施工阶段机电各专业因无序施工导致的返工、停工以及由此而产生的工程造价增加等情况的发生。同时也能够减少建设管理方在施工阶段为解决上述问题而投入的时间和精力。

③ 方案模拟。

海上风电项目四大构筑物存在大量的施工方案，主要分为普通施工方案和专项施工方案。BIM辅助项目部进行施工组织中的施工方案模拟，审核施工方案中不合理之处，根据项目实施方案要素，对施工方案进行模拟和提前预演（如图4-7所示）。

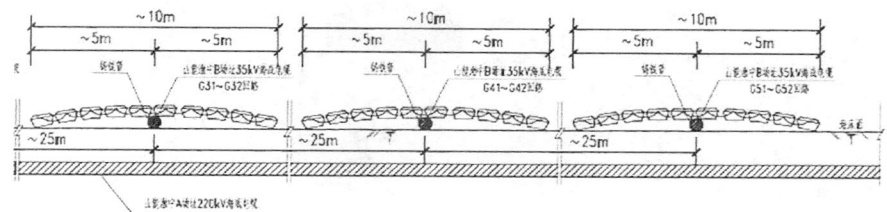

图 4-7 普通施工方案：海缆与已建管线交越保护方案

海上风电项目常见的专项施工方案是将构筑物整体施工方案按照施工分段过程进行分类，可分为运输类、吊装类、安装类、敷设类等并进行方案模拟。BIM 配合项目部进行方案审核、优化、分解，需要面向专家评审的部分，以动态视频分解的形式展示，减少大量资料的审核，辅助项目部快速进行方案确认与审批工作。

（5）基于 BIM 的施工进度 4D 模拟。

施工进度 4D 模拟主要是通过读取施工单位外部软件 Project 编制，将海上风电构筑物中的三维施工模型与进度计划中的各项内容相连接，通过进度计划数据驱动三维模型对进度计划方案进行动态模拟仿真演示，辅助项目确定合理的施工方案、人员、设备配置方案。以此使项目的施工流水、进度计划、资源配置变得更加合理，工作协调更加一致（如图 4-8 所示）。

（6）轻量化可视化交底。

海上风电项目，存在大量的资料信息，为了方便现场交底工作，实现多元工作交底模式，加强沟通形式，BIM 可以辅助项目部面向不同的项目岗位，进行轻量化可视化交底，主要分为以下两种形式：

① 与建管平台相结合。

将设计模型发布至平台网页端，参建各方基于同一平台进行工程协同，打破信息壁垒，提高沟通效率。

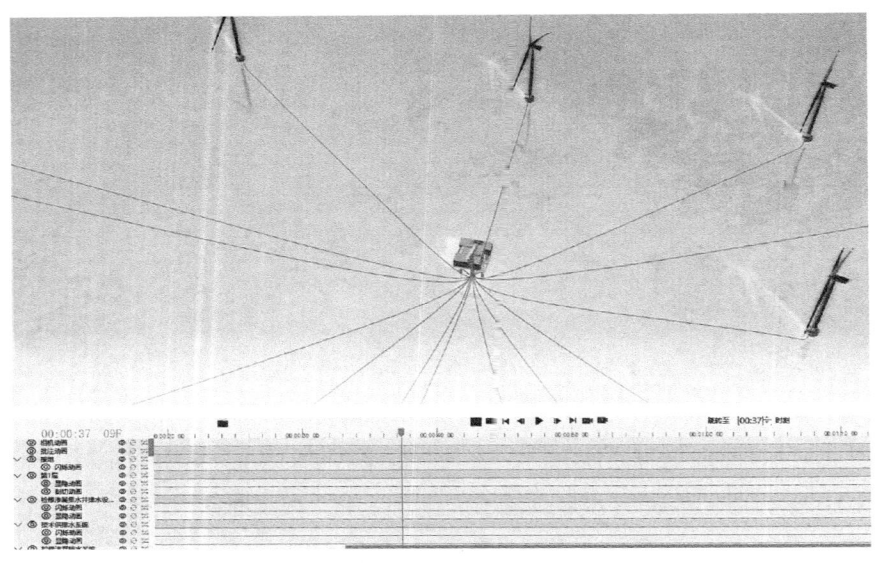

图 4-8　基于 BIM 的施工进度 4D 模拟（模型与进度计划联动）

② 与数字化样板相结合。

海上风电项目中如需要用节点模型配合工艺视频做成施工样板，可以通过 BIM 技术与 720 度云、VR、模型轻量化等技术相结合，以二维码为载体，结合详细模型对重点部位的节点施工开展从设计到班组全层级交底。并且可以将二维码放置在施工现场，作业人员可以实时查看相关 BIM 成果，做到实时交底。通过三维模拟动画，让施工各方深入了解施工工艺流程，有助于节省大量时间。

2. 竣工阶段 BIM 应用概述

BIM 在海上风电项目竣工阶段的应用主要体现在后期运营维修使用上。BIM 在竣工阶段的介入，将运维阶段的检修方案（如大型设备检修方案、海缆检修方案等）、检修过程中可能需要的关键技术参数（如设备参数和材料参数）在建管平台内检索出来。竣工阶段 BIM 具体应用解决方案如下：

（1）方案与可视化交底。

海缆构筑物检修中，BIM可以辅助项目部进行运营阶段交底资料的收集，减少大量的纸质文件、图纸等资料查阅，可直观演示交底检修施工步骤和注意点。提前做好施工准备，根据检修施工步骤交底视频进行检修。

（2）设备材料参数化信息与建管平台结合。

涉及海上风电构筑物主要设备信息（安全设备、监控设备、机械设备等），及在施工过程中需要的吊装、运输、安装类大型设备信息，根据设备需求类型不同，将设备的关键参数录入模型中，与建管平台相结合，方便后期运营检修快速查阅。

4.1.4 智慧化系统方案

1. 总体设计

系统自下而上依次由基础设施层、感知层、支撑层、业务应用层及交互层五个层级组成，各层级的作用如下：

（1）基础设施层是整个系统的底座，软件系统及其所涉及的智慧硬件所需要的通信系统、软件系统研发及部署所需的公有云服务，以及系统建设的指挥中心都在该层。

（2）感知层集成智慧化系统中的各类智慧感知硬件，其中包括与人员安全相关的人员定位终端设备，可充分保证海上施工人员的安全；与海上施工安全相关的海洋气象监测设备以及监控摄像设备，可为出海施工及运维提供可靠依据；海上作业面施工期间无线网络通信所需的硬件设备，包括VHF基站、船舶AIS基站、船舶无线AP、微波船载站、铁塔微波，可为海上风场施工作业面提供全面的无线网络覆盖。

（3）业务支撑层在海上风电智慧系统中提供技术支持和保障，包括开发平台、物联网平台、BIM模型管理、GIS管理和数据库管理等。这些平台和工具的集成和协同工作,为海上风电智慧系统的前期建设和后期运营提供了强大的技术支持,帮助实现对海上风电场的智能化管理和监控。

(4)业务应用层包括工程建设指挥中心、智慧管理、安全管控和移动应用。工程建设指挥中心可快速查看项目建设期的项目施工进度、项目三维进度展示,并兼容运营期所需的项目概览、项目安全管控、视频监控、项目所在地天气实况等功能;智慧管理可对海上风电项目建设期的进度、物资和过程影像资料进行管理,并提供各参建方工效的纵横对比分析,同时智慧管理也对项目运营期所需的人员出海报备、船舶进出场以及人员信息进行线上管理;安全管控可有效把控项目施工的船舶安全、人员安全、风场气象和风场安防等;移动应用将上述功能便携化处理,以适应系统的全场景适配。

(5)交互层覆盖了PC端、移动端和大屏端,能够全面适配海上风电业务需求,实现全场景应用。

综上所述,智慧化风场总体架构如图4-9所示。

图4-9 智慧化风场系统总体架构

智慧化风场系统总体架构平台由IT基础设施、开发平台、前端客户端(包括移动终端）三部分构建而成。其中 IT 基础设施层采用了国际先进的云计算技术，整个平台基于多层 B/S（浏览器/服务器）体系，并且在客户端与系统的交互中采用了先进的信息加密技术，在确保平台稳定性的同时又保证了平台的安全性。平台高度抽象的元数据模型、工作流引擎模型，多层体系结构的划分与实现，开放的中间层组件接口，使平台具有优良的性能和极佳的稳定性、灵活性和可移植性。平台采用自主开发"凤翎"和集成第三方软件相结合的技术路线，在框架设计上充分考虑了平台扩展性和安全性，提高了平台扩展和升级更新的适应能力。凤翎提供满足基础功能的最小可运行框架，框架内各功能组件可根据用户对性能、功能等需求的不同，采用不同的组件进行替换，不影响整体架构的设计，充分保证平台的通用性和扩展性。

平台技术架构分为以下几个层级：

（1）应用层主要分为业务应用与基础应用两部分。业务应用主要是指系统核心功能，包括进度管理、安全管理、设备管理、预警管理等。基础应用主要是指平台的基础功能，包括组织架构管理、用户管理、角色管理、授权管理、菜单管理等。

（2）应用支撑层主要分为开发组件、中间件和第三方支撑服务三部分。开发组件主要是系统开发平台的技术支撑，包括微服务架构、流程引擎、任务调度、字典配置、服务监控、日志分析等。中间件用于系统内各应用间通信、数据与资源共享等功能，包括服务注册中心和消息队列等。第三方支撑服务辅助各类硬件数据和公共数据的接入，包括物联网服务、安防平台、地图服务、天气服务等。

（3）数据资源层主要分为数据分类与数据存储两部分。数据分类主要是对系统所涉及的数据进行按类别划分，包括系统基础数据、业务数据、图片文档数据、视频数据等。数据存储主要采用主流开源数据库和存储系统，包括关系型数据库、非关系型数据库、分布式存储与对象存储。

（4）基础设施层则是为了保证业务功能的顺利实现而配套的基础设施服

务，覆盖系统的硬件存储、网络架构与信息安全，包括计算资源池、存储资源池、网络资源池、安全防护等。

综上所述，智慧化风场系统技术架构如图4-10所示。

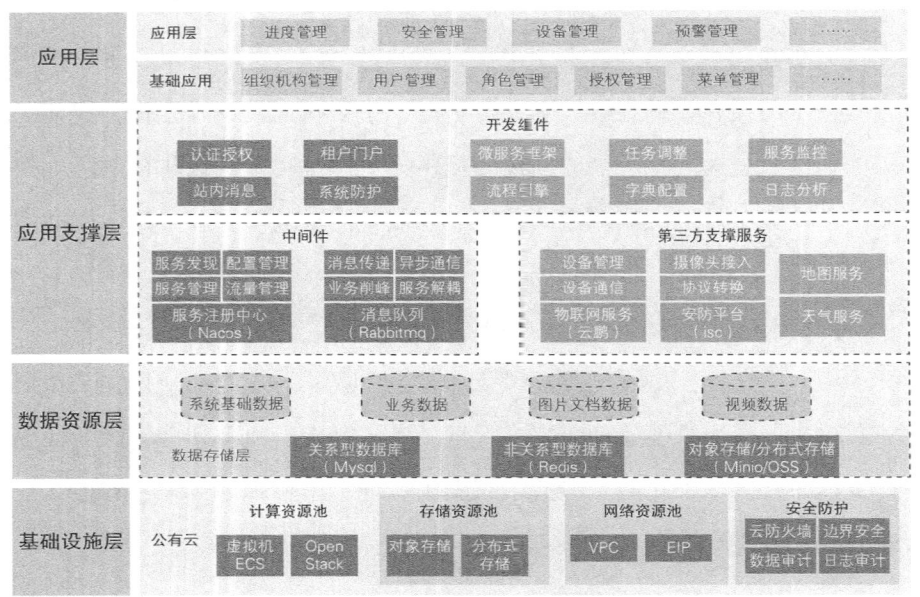

图4-10　智慧化风场系统技术架构

为了保障平台的稳定性、高并发、高可用和可扩展能力，系统将以微服务集群形式部署系统各类模块。采用云计算Docker容器技术进行部署，可以支持多样化部署，支持物理机、虚拟机和云主机等部署方式，也能够随时向如私有云、混合云和公有云的架构上迁移，提升系统部署的灵活性。系统部署的服务可分为系统基础服务和业务服务两部分：系统基础服务由"凤翎"技术平台统一封装提供，按功能进行划分封装成网关、系统管理、用户认证、流程等系统服务，以及Redis、RabbitMq、Nacos等中间件服务；业务服务按功能模块、模块预估使用频率、模块间关联度、开发运维复杂度、服务器资源综合考虑，遵循单一服务高内聚低耦合原则将有相互关联的功能模块放在同一服务内。平台具体的部署架构如图4-11所示。

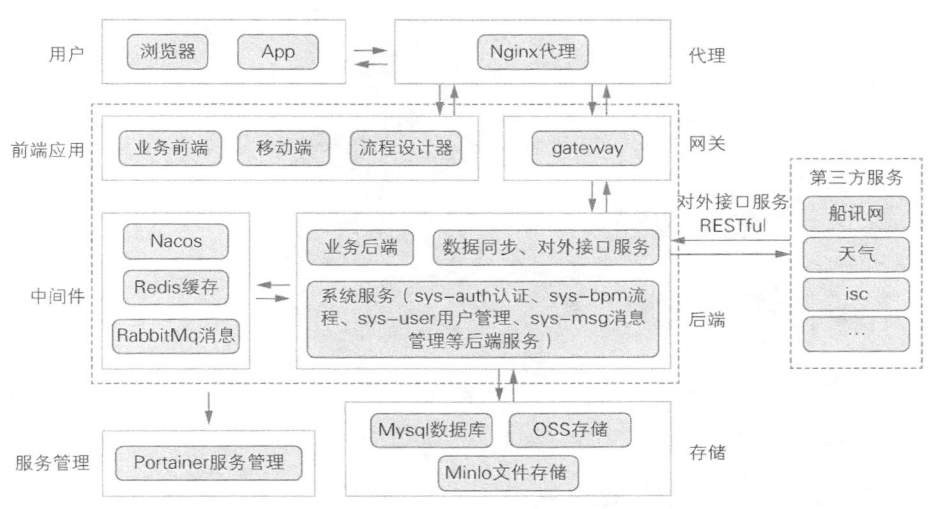

图4-11 平台部署架构图

2. 业务功能设计方案

（1）船舶管控。

船舶台账：船舶管控将项目所使用的各类船舶进行线上统一管控，对每个船舶的名称、类型、船东、船机进退场时间以及船舶二维码等信息进行管理，形成项目船舶台账（如图4-12所示）。

船舶定位：船舶定位使用现代定位技术，对海上风电场场址的建设和运营过程中所涉及的各种船舶进行精确的定位，可实时查看风场区域内的内部船舶、外部船舶、报警船舶的各类静态信息及其动向信息。

（2）人员动态管控。

人员动态管控将人员出海报备、海上天气数据及人员定位三者有机结合，实现人员安全的全方位管控。

图 4-12　船舶台账

其中，人员出海报备与海上天气数据实现互通，可帮助未出海人员制订出海计划，预警已出海人员及时撤离。

项目出海人员配备定位终端，定位终端数据通过无线网络系统实时传输至系统，可做到准确掌控人员动态，如人员出现落水等危险情况能做到及时告警，并通过风场电子围栏及船舶 AIS 定位功能快速联系附近船只进行救援，解决出海人员行踪难掌握、遇到危险情况救援不及时等难题，全面提高出海施工作业安全（如图 4-13 所示）。

（3）设备制作进度管理。

依托项目驻场监造人员定期上报的设备制作进度，实现设备制作进度的全过程跟踪，并自动形成设备制作英雄榜，确保项目按时、按质、按量完成（如图 4-14 所示）。

（4）供货进度及运输管理。

供货进度及运输管理利用设备供应商提供的船舶信息，实时跟踪并可视化查询运输船的位置和气象数据。这将使项目的总包部门能够准确掌握供货船舶的当前状态，并预估到货日期，从而提高供应链效率。

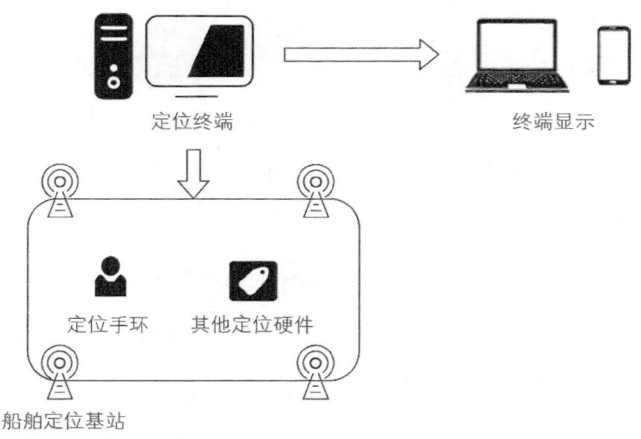

图 4-13 人员定位

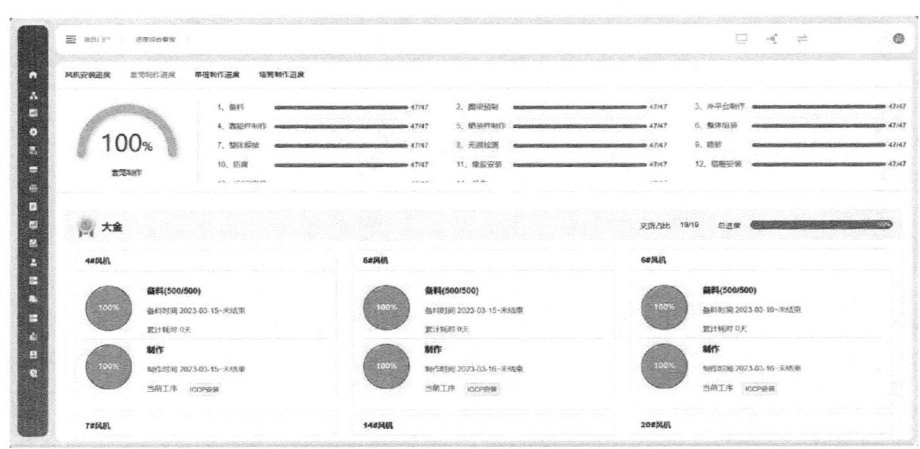

图 4-14 设备制作进度英雄榜

（5）施工现场视频监控及异动告警。

为满足集团对视频监控系统的要求，系统建设对项目施工作业面全覆盖的视频监控系统，对项目重点区域及施工现场进行全天候实时视频监控，并通过通信网络系统将高清监控画面回传至陆上集控中心。视频监控系统实时展示项目场地摄像头在线情况，并将监控视频进行存储，系统最大支持回放30天内的视频监控信息。陆上集控中心通过视频监控系统可远程监督施工作业的规范性，也可实现远程施工指导，报警发生时可调用附近监控点查看现场真实画面，立体感知作业实况，迅速采取有效措施。

（6）图形化工程进度管理。

结合海上风电施工特点，以施工进度计划为主线，将主要机电设备到货计划、施工资源计划、海上气象预测情况等多种影响施工进度的因素通过系统合理排布前后关系，自动计算关键路径，临期任务自动进行预警。管理者利用计划进度一张图，即可掌控项目施工计划执行情况，为后续施工安排提供决策依据（如图4-15所示）。

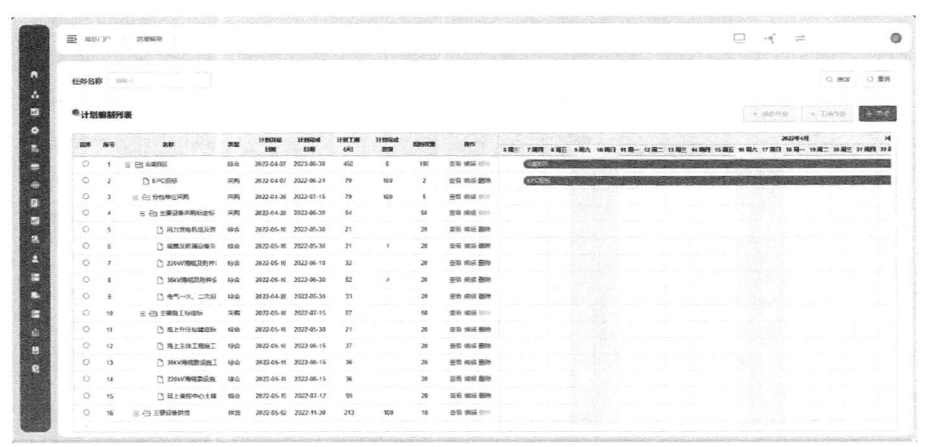

图4-15 图形化工程进度管理

利用施工工序进度填报功能采集当前各项工作任务完成情况，自动记录施工耗时并关联计划节点，实现计划进度对比分析。同时可形成风机二维进度展示和风机安装各工序进度统计看板，实现进度可视化管控（如图4-16所示）。

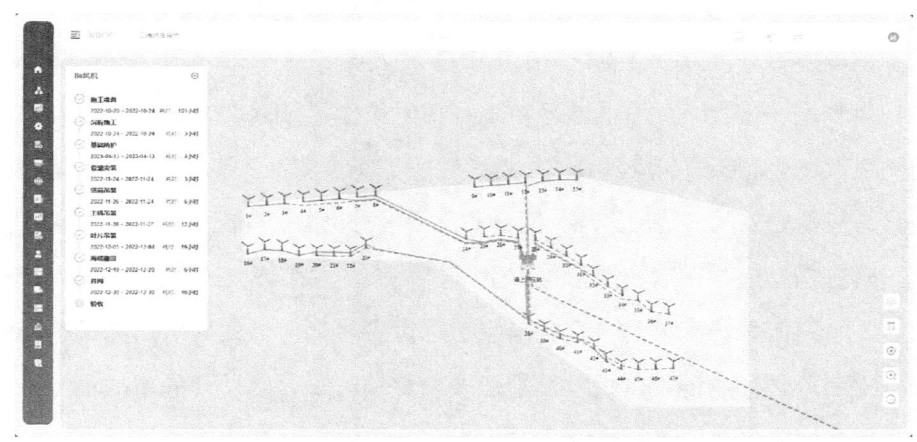

图 4-16　风机安装进度可视化管控

（7）风场气象预报预警。

为保障施工人员及时掌握特定海域天气变化情况，为海上作业人员提供有针对性的气象决策依据，系统可实时监控海上风电场升压站和风机所在位置的海洋和气象信息、风电场附近海域的强天气过程、风电场附近突变强对流天气，并对上述位置提供未来 $7\times24h$ 的近海面气象要素、天气现象和风资源变化的逐小时精细化预报，提出不同时段的适宜出海指标。风场气象预报预警可以解决传统气象预报不准、预报密度低、出海窗口期寻找难、工期不可控的痛点。

（8）风场通航安全管理。

为确保风场设施的安全运行，需采取一系列措施来保护风场基础设施。首先，通过定义风场电子围栏，可以精确划定风场边界，防止未经授权的船只进入风场施工区域。其次，误入风场施工区域从而引发报警的船只的轨迹信息、停留时长等信息会被自动存储至轨迹追踪功能，轨迹信息追踪功能可以实时监测周围海域的船只动态，以便及时应对任何潜在威胁。最后，船舶避风状态监控能够确保船舶在恶劣天气条件下采取适当的避风措施，避免因海况突变而造成的事故风险。这些综合功能的运用将全方位保障海上风电场的基础设施安全，为项目顺利施工提供坚实保障。

风场电子围栏：结合 AIS 系统，利用电子围栏技术和 GIS 地图技术标识海上风电场边界警戒、风机警戒、海缆警戒等安防边界，灵活配置告警策略，一旦有外部船舶闯入警戒区域，则自动激活报警机制，实现安全预警和报警。

轨迹信息追踪：当预警信息产生时，系统自主存储告警事件坐标、MMSI 号、闯入时间等详细信息，预警信息追踪以可视化的形式展示出项目选择区域任意时间区间内通行的内外部船舶及其停留时长，辅助开展事故追查，支持查询区域内自开工起所有船只任意时间区间内的行驶轨迹。

船舶避风状态监控：船舶避风状态监控功能对避风港内的船舶进行实时监控和监测，为落实船舶在避风期间的安全提供有力抓手。通过这一功能可以实时了解船舶在避风期间的信息，并在出现异常情况时及时报警。同时，该系统还可以记录船舶进出避风港的时间和轨迹，方便管理人员进行统计和分析。通过避风港监控的有效实施，可以最大限度地保障船舶在避风期间的安全，减少因恶劣天气等原因造成的事故风险。

（9）工程建设指挥中心（软硬件）。

为更有效地配合项目建设进度以及后期的运维管理，特建设一个集信息收集、传输和显示功能于一体的科学、高效的 LED 全彩屏显示系统。该系统可以灵活多样地显示高分辨率视频图像，色彩鲜艳，图像清晰。此外，其画面支持拼接、分割、漫游等多种显示模式，能够充分满足项目现场的信息显示需求。

基于项目建设过程中积累的数据成果和风电场的数字化建模，打造指挥决策中心一张图管控系统，动态获取项目信息，形成项目可视化管控界面，集中展示项目概况等静态数据和进度、视频监控、海洋气象、风场安防等动态数据，高效分析，辅助决策，提升工程全线关键要素管控能力，便于各级领导和各部门及时直观掌控项目执行情况。

全场三维总览提供沉浸式的海上风电场全场场景，主要展示全场风机、升压站、海缆模型及风电场预警信息、风电场环境参数，并支持自动旋转场景展示。

4.2 案例二：某抽水蓄能电站智慧工地

4.2.1 项目背景

某抽水蓄能电站项目电站装机容量1000MW（4×250MW），额定水头525米，初拟以500kV电压等级接入500kV变电站，线路直线距离约20千米。电站建成后，主要供电省级大电网，承担省级大电网的调峰、填谷、调频、调相和紧急事故备用等任务。

1. 建设原则与目标

该抽水蓄能电站智慧工地是综合应用智能视频分析、物联网、移动互联网等技术，全面感知施工现场各领域信息，实现工地作业互联协同、智能生产、科学管理等功能的水利建设工地。

智慧工地系统是建设于水利建设工地现场的物联网系统，是智慧工地的组成部分，其建设目标是对施工现场人、机、料、法、环五大要素进行全面监测和管理，并实现与上层系统如项目级水利工程智慧建造系统及行业监管平台的数据交换。

2. 建设内容

本方案涉及内容包括智慧工地视频监控、人员管理、车辆与特种设备管理、危化品管理、环境监测、应急管理以及现场指挥大厅等。

3. 建设思路

工地可视化系统为项目现场工程管理提供了先进的技术手段，通过安装在建筑施工作业现场的各类传感装置，构建智能监控和防范体系，能有效弥补传统方法和技术在监管中的缺陷，实现对人、机、料、法、环的全方位实时监控，变被动监督为主动监控；同时，其也将为安全生产监督管理引入新理念，真正体现"安全第一，预防为主，综合治理"的安全生产方针。

4. 业务功能思路

（1）视频监控系统。工地网络环境复杂，视频监控系统应满足网络施工部署要求。工地管理工业化水平较低，分布地区分散，监控系统应满足多方位的视频可视需求。视频监控系统应充分满足设备智能分析、多视角、多维度特性，以提高管理效率。

（2）人员管理系统。人员管理系统通过实名制考勤系统和隧洞人员定位系统，结合AI智能分析，在满足工地实名制管理的基础上，实现对现场工作人员的安全行为管理及洞内工作人员的实时统计，提升现场管理水平。

（3）智能塔吊监测系统。智能塔吊监测系统可以预防起重机械超载、碰撞事故，降低事故风险。

（4）危化品监测系统。危化品监测系统通过在危化品仓库安装AI摄像头和环境监测传感器，对危化物品贮存环境进行智能化管控。

（5）环境监测系统。环境监测系统通过在施工场地及隧洞区域设置环境监测设备，进行相关数据自动采集、实时统计分析、传输查看、预警，确保施工环境安全。

（6）车辆管理系统。车辆管理系统可获取渣土车、运输车等工程车进出场记录、行驶轨迹和图片状态，为车辆进出规范、材料运输等管理提供依据。

4.2.2 智慧工地物联设备规划方案

1. 网络部署

基于解决抽水蓄能电站网络通信速率、覆盖面及稳定性等需求，研究通信网络在抽水蓄能电站中的应用方式，构建带宽资源动态配置的安全可靠的互联互通网络，为抽水蓄能电站工程智能建造提供专业的基础网络通信支撑。

针对某抽水蓄能电站智能建设，构建统一通信网络，保证施工现场、主要加工厂、厂区主要构筑物、地下洞室的网络覆盖，为现场智慧工地业务、现场智能建造业务以及智慧建管业务所需的智能网联设备、终端设备、数据采集设备提供网络服务。

（1）设计思路。

在抽水蓄能电站建设过程中，需要构建统一的通信网络，以实用性、可靠性、先进性、开放性、兼容性为原则，通过对网络资源的管理调度与配置，保障建设期各个工区作业面的网络通信稳定。

通信技术：在抽水蓄能电站建设中，各个施工区域施工条件复杂，考虑基础网络建设采用稳定、成熟、可靠的网络架构，主干网络采用光纤传输，因光缆材料综合现场敷设环境和后期运维等多方面因素，采用具有一定防护能力的光缆。为智慧工地、智能建造等前端视频监控、数据采集器等业务设备提供高效稳定传输专网，实现云管端互联，进一步保证施工安全并提高工程管理效率。

云边协同：在智能建造实施过程中，海量数据需要传输与处理，为保证网络资源高效利用，并保证对终端设备的及时响应，考虑采用云边端三层网络服务架构，实现云边协同。通过实现华东云与抽水蓄能电站数据中心机房的云边协同，可以实现数据的共享互通，同时保证了边端的区域自治。

稳定可靠：由于需要保证施工区域的网络全覆盖，须在施工现场部署通信设备，因此在通信网络设计过程中，应充分结合设备运行环境，前端通信设备须按照工业级要求，具备防尘、防水性能，洞室内设备具备防爆性能。依照绿色施工、节能减排的整体要求，前端通信设备应达到低功耗、高稳定性的要求。同时，光纤网络为全光无源网络，易组网，并能降低隧洞中网络设备的防爆点。

通信网络将采用有线或光纤对视频监控设备进行网络覆盖。对于布设位置较远的区域，采用无线网桥与定向桥接技术，实现网络覆盖。

分布实施、有序推进：基础网络资源建设将根据场内各作业面开工顺序，有序推进，分布实施，保障作业区域前端业务设备的数据回传需求。一期临时机房规划建设于下库35kV中心变电站处，后期业主营地建设完成后，将临时机房内核心层网络设备以及智慧工地业务层设备整体搬迁至业主营地。

（2）网络架构规划。

以充分利用现场资源条件为基础、全量接入前端感知设备为原则、稳定高效承载智能建造业务为目标，采用成熟、高效、稳定的三层交换网络架构，构建1个核心、3个汇聚、N个接入的"1+3+N"全光高速智能化业务专网，为前端海量业务设备提供高转发、大容量的数据传输通道，保障抽水蓄能电站建设期各项智能化、数字化业务稳定高效运行（如图4-17所示）。

（3）网络设备规划。

按照三层网络架构建设原则，网络设备分为核心层设备、汇聚层设备和接入层设备。

核心层：中心机房规划部署智能化三层交换设备，高性能网络安全设备构建智能业务专网全要素，全业务核心层网络设施；实现网络设备统一监控管理，统一维护；业务设备之间数据稳定高速转发，互联网出口设备数据安全审计，病毒入侵防护等。

汇聚层：35kV中心变电站、地下厂房、上库左岸大坝坝肩三个汇聚节点，规划部署高性能、大带宽汇聚交换设备，实现对各业务区域接入层设备数据的高效汇聚收敛以及设备间的高速转发。

接入层：采用接口丰富、性能稳定的接入交换机和无线网桥作为网络接入设备，为前端视频监控、物联感知、智能建造、智慧工地等业务设备提供有线、无线多样化网络接入方式；满足网络灵活部署、全量接入、弹性扩容的要求。

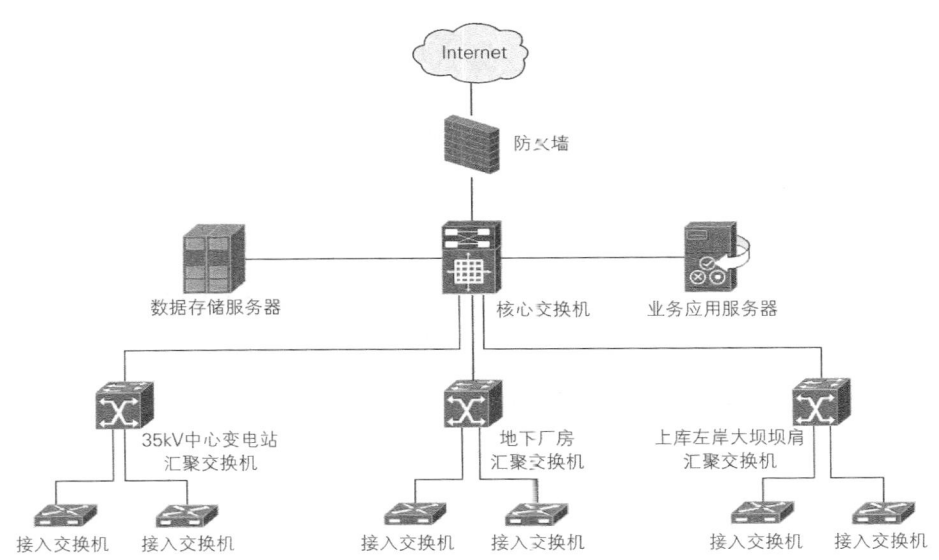

图 4-17 抽水蓄能电站网络总体架构

依据抽水蓄能电站网络架构整体规划原则，充分结合现场各作业面视频监控、智能建造等业务需求，规划安装防火墙 1 台，核心交换机 1 台，汇聚交换机 3 台，接入交换机 22 台；网络设备采用单纤传输，以提高光缆纤芯利用率。网络设备安装点位及设备类型如表 4-2 所示。

（4）光缆配套规划。

光缆配套规划采用主干层与配线接入层光缆相结合的双层建设架构，构建层次分明、扩容灵活、容量适中的全域光缆配套网络；为网络交换设备提供大容量、高稳定性的全光传输通道。

主干层：中心机房（业主营地）至 35kV 中心变电站汇聚点和上库左岸大坝坝肩汇聚点租用运营商光缆资源，再由 35kV 中心变电站汇聚点沿临时进场路向上敷设 24 芯光缆至洞室汇聚点，构建中心机房核心层至 35kV 中心变电站、地下厂房、上库左岸大坝坝肩汇聚层之间的主干层光缆。同时，解决三大汇聚节点间的前端业务接入需求；一期建设以总包项目部为临时机房，接入运营商专线，进行数据业务回传。

表 4-2 抽水蓄能电站网络设备安装明细

序号	网络层级	区域	网络设备名称
1	核心层	业主营地	防火墙
2			核心交换机
3	汇聚层	35kV 中心变电站	汇聚交换机
4		地下厂房	汇聚交换机
5		上库左岸大坝坝肩	汇聚交换机
6	接入层	下库 1# 加工厂	接入交换机
7		下库右岸大坝坝肩	接入交换机
8		进场交通洞口	接入交换机
9		下库进/出水口	接入交换机
10		通风兼安全洞口	接入交换机
11		下库砂石及混凝土加工系统	接入交换机
12		临时爆破器材库	接入交换机
13		3# 施工支洞洞口	接入交换机
14		进场交通洞与 7# 支洞岔口	接入交换机
15		进场交通洞与 6# 支洞岔口	接入交换机
16		8# 支洞洞口	接入交换机
17		进场交通洞与 4# 支洞岔口	接入交换机
18		4# 支洞岔口与 5# 支洞岔口	接入交换机
19		2# 支洞洞口	接入交换机
20		上库进/出水口	接入交换机
21		上库综合加工厂	接入交换机
22		上库大坝左岸坝肩	接入交换机

注：以上布置根据现场实际需求进行更改。

配线接入层：以三大汇聚节点为中心，前端业务设备分布为导向，现场实施条件为原则，采用沿路直埋、沿墙钉固多样化敷设方式，自建 12 芯配线接入层光缆。实现紧跟设备规划，分步有序实施，全量满足前端业务设备网络数据传输需求（如图 4-18 所示）。

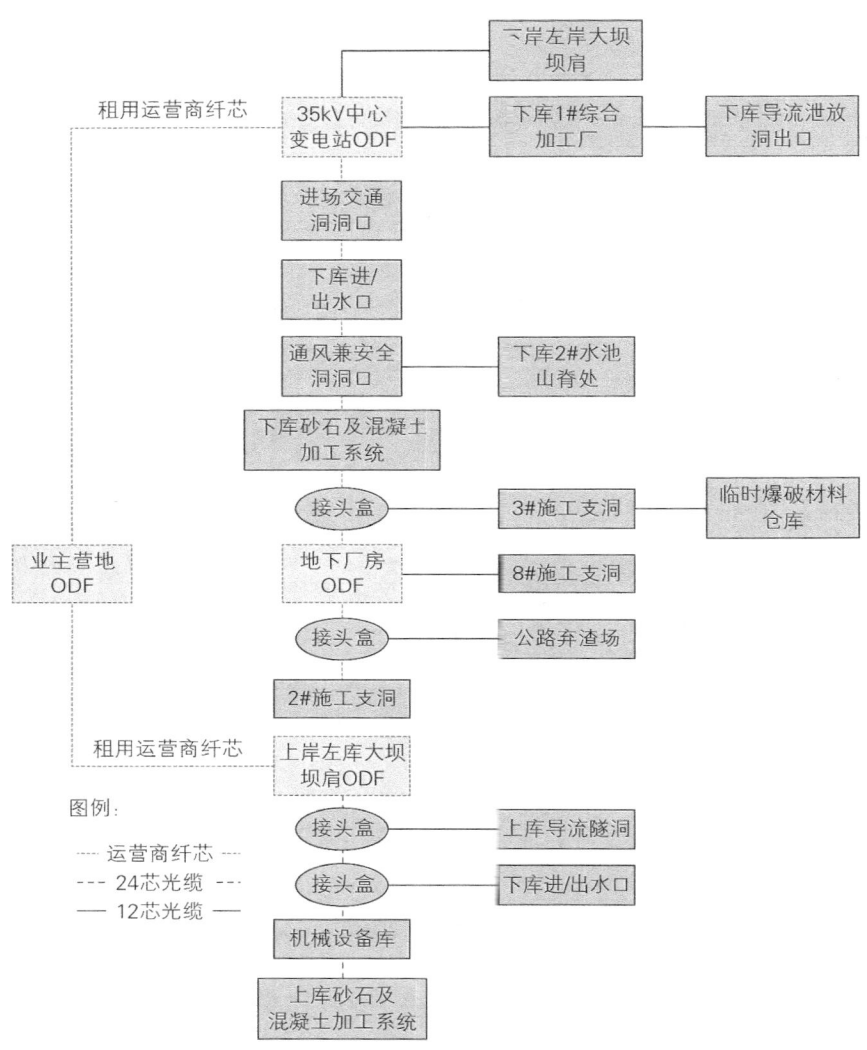

图 4-18 光缆线路图

场内光缆主干以地下厂房汇聚点为中心,结合各业务需求点位,沿上下库连接公路进行建设;主干光缆采用分层原则,保证主干光缆三大汇聚节点间 8 芯直通,剩余 16 芯为接入层设备使用。

光缆配套建设采用铠装光缆进行敷设,防止场内施工作业造成光缆损坏,网络系统中断。同时，针对局部高风险如跨路、落石路段等区域采用钢管保护或水泥包封等防护措施。

预计场内规划敷设 24 芯主干光缆 15 千米，12 芯配线接入层 9 千米，共计 24 千米光缆。经现场踏勘，现场环境为原始茂密丛林，考虑敷设成本，布设线路尽可能利用施工单位已修筑通道。

（5）隧洞内网络建设规划。

由于隧洞开挖作业面逐步施工，为保障隧洞内安全及环境感知基础设施快速有效运行，针对本工程较多隧洞的不同现场情况，采用有线回传方式进行前端数据回传。

针对曲线形且高程落差较大、视距不通类型的隧道，利用洞口预留光缆引接点，根据隧道最终长度预留足够盘长的铠装 12 芯光缆，将光缆盘置于开挖前端，跟随开挖作业面，逐步放缆，解决隧洞开挖移动推进问题，将前端数据通过光缆进行回传（如图 4-19 所示）。

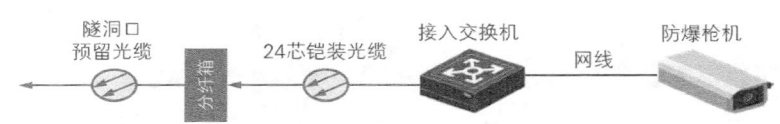

图 4-19　隧洞有线回传网络拓扑图

2. 视频监控

（1）整体规划。

采用计算机网络通信技术、视频数字压缩处理技术和视频监控技术，结合 AI 识别分析，对施工现场安全生产措施的落实情况、施工操作工作面上的各安全要素及安全行为进行实时有效监控，同时消除施工安全隐患，加强和改善建设工程的安全与质量管理。

根据工程建设计划，视频监控系统主要对施工作业面进行实时监控。通过光缆网络将前端画面实时回传至临时机房的视频监控管理平台，再通过运营商专线回传至智慧工地平台，业主营地具备条件后，将前端临时机房设备搬迁至业主营地机房内。

视频监控系统采用大场景监控与局部细节监控相结合的方式进行规划部署；大场景作业面采用高倍数高清球机，洞室内采用防爆枪机对各洞室掌子面进行实时监控。满足工区现场常规监控、远程监仓需求；构建可视化施工现场，提高工区巡检效率，直观展现工程进度，高效协同应急智慧调度。

此布置方案可根据现场实际情况和实际施工进度做优化调整。

（2）建设内容。

首先是前端建设内容。按照该抽蓄工程建设内容，对下库导流泄放洞、综合加工厂、下库坝体施工区域、进场交通洞洞口、通风兼安全洞、砂石及混凝土加工系统、3#施工支洞、钢管加工厂、综合仓库、临时爆破器材库等区域部署视频监控设备。

设备安装安排如下：

为安全起见，洞内摄像头需与掌子面距离100米，并在完成系统支护后方可按照规划位置进行安装。

洞口平台的摄像头待平台边坡已开挖支护完成，并且进洞100米后才能安装。

前端建设设备型号及功能简介如表4-3所示；前端建设设备安装清单如表4-4所示。

其次是后端建设内容。在总包项目部临时机房，规划部署视频监控后端管理系统1套，包括32路硬盘2套、ISC视频管理平台1套，实现对前端视频监控设备的管理、存储以及解码。

表 4-3 前端建设设备型号及功能简介

序号	设备型号	主要功能	使用场景
1	AI 智能球机	支持安全帽识别、火焰识别、越界检测、人脸识别、车牌识别、反光服检测、吸烟检测等	1. 现场人员安全帽识别、反光服识别；2. 现场吸烟区外的人员吸烟识别；3. 预防山林火灾的烟雾、火焰识别；4. 渣土堆放区内渣土外溢的越界监测识别；5. 动火区域的周界检测识别；6. 重点流域的汛期水情、水位监测
2	鹰眼全景摄像机	全景画面可支持关注区域畸变矫正，内置 40 倍变焦镜头全景支持 Smart 事件、人员密度；细节支持人脸抓拍	上下库区施工期全景影像录制
3	卡口摄像机	人脸识别（对工作区域人员进行人脸分析）、测速（对区间车辆速度进行管控）	场内道路的区间车辆测速
4	普通球机	可以进行变焦，通过改变焦距，球机可以看到更为细节的画面。自带云台功能，可以通过后台进行控制，实现 360° 旋转。另外，球机可以通过后台设置预置位来进行自动巡航，只需一个外部命令就可让球机自动地按设定的预置点顺序以设定的时间间隔往复不停地运动	隧洞、厂房、综合加工厂、砂石及混凝土系统等场地施工情况监控
5	普通枪机	可对指定区域进行实时监控	/

表 4-4 前端建设设备安装清单

序号	区域	摄像机	覆盖范围
1	下库溢洪洞	枪机 ×1	下库溢洪洞
2	进厂交通洞洞口处	高清球机 ×1+AI 智能摄像机 ×1	洞口及周边区域
3	进厂交通洞洞内	枪机 ×4	洞内
4	下库 2# 水池山脊处	高清球机 ×1	下库库区
5	通风兼安全洞洞口	高清球机 ×1+AI 智能摄像机 ×1	洞口及周边区域
6	通风兼安全洞洞内	枪机 ×3	洞内
7	通风兼安全洞洞口高点处	53 倍球机 ×1+ 鹰眼摄像机 ×1	下库周边区域
8	主厂房	AI 智能摄像机 ×2	地下厂房
9	主变洞	AI 智能摄像机 ×2	主变洞内
10	下库砂石及混凝土加工系统	高清球机 ×1	下库混凝土加工场

续表

序号	区域	摄像机	覆盖范围
11	下库 2# 综合加工厂	高清球机 ×1	大门口及场内
12	下库坝体左右坝肩	AI 智能摄像机 ×2	下库坝体及库盆
13	下库导流泄放洞	高清球机 ×1	下库导流泄放洞洞口
14	临时进场路进/出口	枪机 ×2+ 鹰眼摄像机 ×1	临时进场路进/出口
15	公路弃渣场	高清球机 ×1	公路弃渣场
16	3# 施工支洞洞口	枪机 ×1	洞口
17	2# 施工支洞洞口	高清球机 ×1	洞口
18	上库大坝左右坝肩	AI 智能摄像机 ×2	上库大坝
19	上库导流隧洞	高清球机 ×1	洞口
20	上库引水隧洞	枪机 ×1+ 高清球机 ×1	洞口及掌子面
21	上库综合加工厂	高清球机 ×1	大门口及场内
22	上库砂石及混凝土加工系统	高清球机 ×1	上库混凝土加工场
23	上库高点处	高清球机 ×1+ 鹰眼摄像机 ×1	上库库区
24	下库钢管加工厂	高清球机 ×1	大门口及场内
25	下库综合仓库	高清球机 ×1	下库综合仓库
26	总包项目部办公楼区域	枪机 ×2	总包项目部办公楼和承包商营地
27	业主营地	AI 智能摄像机 ×1+ 高清球机 ×2	

注：后续施工过程中，可根据实际需求进行增减。

通过临时机房接入运营商互联网专线，将前端视频监控数据以及其他智慧工地相关数据回传至该项目智能建造平台（如图 4-20 所示）。

3. 人员管理

工程现场人员的安全是现场安全管控的核心目的，本项目一方面采用工区门禁系统实现施工区域封闭式管理，另一方面针对地下施工人员密集区域采用人员定位技术实现人员的动态监控。在洞内设置应急电话、应急按钮及现场扬声器，对施工现场出现的突发事件提供应急保障。通过以上技术手段，将现场安全文明施工管控措施落到实处，提升现场应急处理效率，保障现场人员安全。

第4章
建筑业数字化转型案例：方法与实践

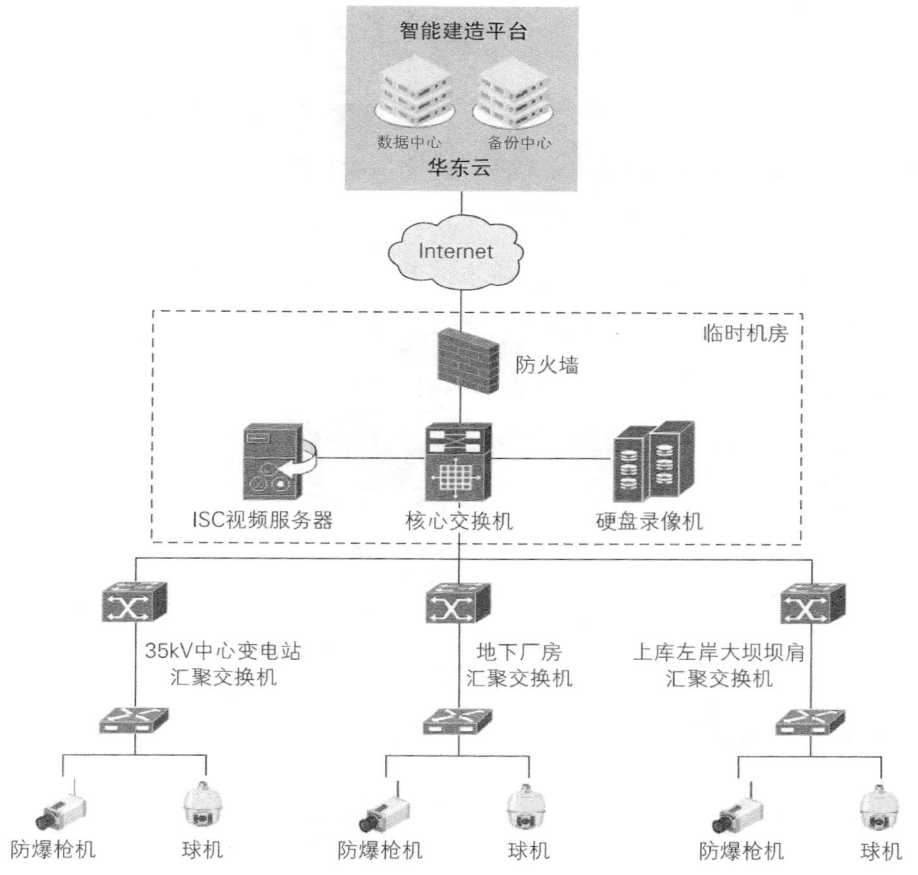

图 4-20 视频监控系统拓扑图

本项目采用数字化门禁系统搭配实名制管理和智能考勤管理系统，通过采集工地人员的基本信息或人脸信息录入管理系统，建立人员信息库。使用时，人员通过刷脸或刷卡等认证方式进行识别，实时比对确认身份。此外，自动记录人员进出，形成统计报表，保证人员安全并辅助开展人员考核。门禁系统可与建管平台进行数据集成，实时采集进出人员的基本信息与安全管理信息。针对未进行安全教育或技术交底的劳务人员进行定制化操作，并在平台内进行统一管理，形成历史记录以备追溯，实现进出通道人员信息及安全管理的数字化管控。

（1）人员信息录入。

由项目部完成相关人员信息录入，通过身份证读卡器、人脸采集摄像头录入人员实名信息、人脸信息，建立人员实名制数据库。

（2）考勤与进退场记录。

在工地大门及隧洞口设置人脸识别系统，使用工地实名制人脸识别门禁，员工进出工地门禁时，刷脸即可通行。工地实名制人脸识别门禁实时传送员工进出记录作为考勤数据存储在系统后台，实现随时掌握工区的工人总数、工人的数据信息、不同工种的出勤状况等。在安全门禁方面，人脸识别门禁考勤系统"刷脸通行"的方式具有真实性，能够对每个进出的员工进行实名制认证，杜绝了外来闲杂人等随意进出工地的情况（如图4-21所示）。

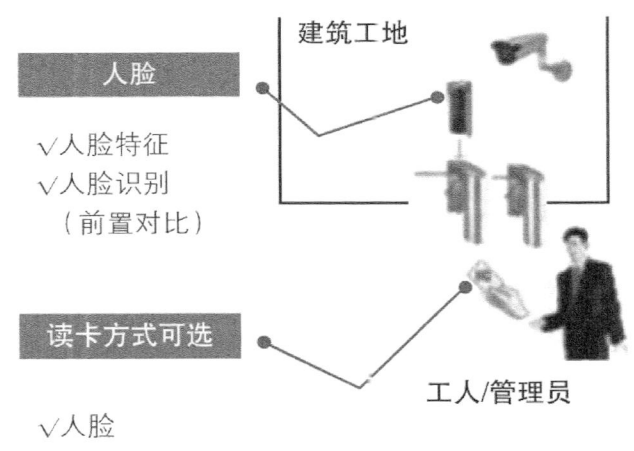

图 4-21　人脸识别门禁示意图

（3）LED 显示屏。

在上/下水库、业主营地、地下洞室等施工区主要出入口，设置一块显示考勤信息的 LED 显示屏，实时播放工人考勤数据并显示相应施工区域当前的人员数量。

（4）部署位置。

人员通道闸机、车辆出/入道闸机部署在主要厂区大门口，场内临建设施门口及各洞室门口的数据收集于施工单位安装的设备。

考虑到人脸识别闸机通道相对固定、封闭区域的考勤成功率高，有利于场区内安全管理，因此将其设置于上/下库和业主营地等限定施工区域的场区出入口以及主要施工隧洞洞口。

（5）系统构成。

智慧工地平台：各工区施工作业人员数据与考勤信息均实时上传到智慧工地平台，可随时在该平台查看各项目实时考勤信息。

前端设备：前端设备包括人脸识别闸机、LED屏、人员信息录入设备（人脸识别摄像头）。前端设备子系统是系统的信息节点，通过在工地施工区、隧洞出入口、营地出入口安装闸机，人脸进行识别考勤后经闸机通行；通过LED显示屏通报出勤状况。

数据传输：人员管理设备通过有线/无线网络信号实现设备终端到服务器端的数据传输。

（6）技术参数。

定点考勤同步采集考勤时间、地点、人脸信息。人脸识别考勤信息与数据库中人员信息相关联、融合，且确保信息安全。识别考勤设备的人脸特征数据存储数据量不低于2000条，人员身份识别成功率不低于99%，识别速度不超过2秒/次。本地存储的考勤记录数据不少于18个月。上报人员实名制基本信息、到岗履职（定位）及考勤数据，符合上层系统数据接口相关参数和调用要求。

（7）人员定位系统。

UWB人员定位基站是一种无线载波通信技术设计研发的基站，这种基站主要的作用是进行定位，相当于GPS卫星，提供位置基准参考，配合定位标签就能实现对目标对象的定位。

针对抽水蓄能电站场内施工人员的安全管理要求，本方案使用洞内人员定位技术，在工区内选择合理位置安装定位基站，并建立场内人员定位系统，实现场内人员的实时定位。在定位系统中，工作人员所佩戴的定位标签利用基站脉冲信号发射出位置数据，定位基站接收，计算出定位标签信号到达不同定位基站的时间差，由处理软件对位置进行计算，最终得到被定位人员的位置。管理人员可通过后台实时查看人员定位信息（如图 4-22 所示）。

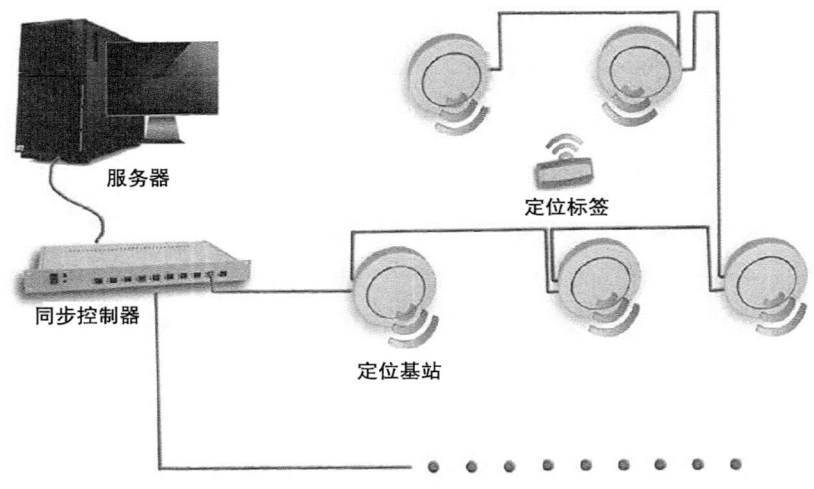

图 4-22　地下洞室人员定位系统组成

4. 设备及特种设备管理

通过对特种设备、起重机械等设备安装安全监控设备和定位装置，并与视频监控系统结合，实现对特种作业及施工机械运行状态的实时监控。

本项目主要涉及的机械设备有两类：一类为业主营地所用的塔吊，为特种设备；另一类为挖掘机、装载机和自卸车等。

（1）智慧塔吊。

塔吊吊钩顶部滑轮组安装球型摄像机对吊钩进行实时跟踪，并将画面传回塔吊驾驶室。塔吊司机在驾驶室里即可清晰掌握吊钩周围的情况，解决塔吊司机在操作吊钩过程中看不清、看不见的问题，避免盲吊。

塔吊身份验证启动要通过人脸识别准确识别操作人员身份，对实名制人员及特种工证书数据进行验证，确保操作驾驶员是经备案的塔吊驾驶员本人方可启动操作。

塔吊状态监测和预警的三级管理如下：

- 风速超限防护。通过风速传感器采集当前风速，当风速大于安全上限时，在塔吊驾驶室及监控中心进行声光报警。风速安全上限可进行手工设置。
- 参数监测与记录。运行参数可实时采集并存储。可通过塔吊驾驶舱显示大屏实时查看塔吊运行轨迹。
- 智能预警。可进行风速、倾斜、载重、群塔防碰撞报警控制。

智慧塔吊系统包括以下五个部分：

① 吊钩高清摄像机及驾驶室反馈设备。

塔吊前臂前端安装球形摄像机对吊钩进行实时跟踪，并将画面传回塔吊驾驶室，便于司机清晰掌握吊钩周围的情况，解决塔吊司机在操作吊钩过程中看不清、看不见的问题。驾驶室反馈设备主要为屏幕，可展示吊钩高清摄像机拍摄的内容，并在其他传感器报警时显示报警内容。另有警铃用于报警声光提示。

② 塔吊黑匣子与传感器。

传感器种类较多，包括：幅度传感器，用于实时动态感知塔吊小车距标准节的距离；角度传感器，用于实时感知塔吊大臂的转动角度；倾角传感器，用于实时感知塔吊塔身的倾斜角度;风速传感器,用于实时感知塔吊周围的风速。

塔吊黑匣子安装在塔吊驾驶室中,主要用于集成塔吊上安装的传感器,实时显示塔吊运行状态,进行塔吊碰撞危险的报警和制动,并完成塔吊与塔吊之间、塔吊与地面监控中心之间的无线数据通信。

③ 身份验证启动设备。

安装在驾驶室的生物识别设备,与塔吊控制器电源联动。

④ 塔吊监控地面接收系统。

塔吊监控地面接收系统安装在项目机房电脑上,主要进行各个塔吊信息的转发、数据流量的控制、网络协议的执行,同时用于与互联网的通信和数据交互。塔吊监控地面接收系统是网络层的核心设备,还具有数据存储、塔吊动态实时画面显示以及历史数据查询等附加功能。

⑤ 网络传输。

项目建管平台经由互联网访问智慧塔吊子系统,查看塔吊的运行状态及吊钩的实时工作情况。

(2)设备定位。

对现场自卸车等设备采用 GPS 定位形式进行定位,对其进行实时定位监控。主要功能有三种:

① 可对露天车辆安装定位系统,确定车辆在现场的具体位置。对在地下洞室行驶车辆可通过在工作区域布设定位基站,确定车辆的具体位置。

② 系统可对车辆实时监控,可以在地图服务上显示该车辆台账里记录的静态数据信息,也可便捷查看车辆位置动态信息。

③ 系统可统计每天的作业工作量,统计每天所有车辆的来回工作趟次,并计算每趟消耗的工作时间和工作里程,实现系统对作业趟数的绩效监管。每天或每月的趟次数据可用来进行数据对比分析,为绩效提供数据分析。

平台功能方面,提供挖掘机、装载机、自卸车辆管理台账功能供项目使用,并可查询以往定位数据。本地存储的机械设备运行状态和特种作业数据不少于 18 个月。

此外，在临道路大门口至通风洞路段和通风洞洞口至交通洞洞口路段设置固定测速仪，以对场内道路的车辆进行监管。另外给项目部配置两台移动式测速仪，对场内其他道路和场外道路进行移动式监管。

5. 环境监测

在施工现场设置环境监测一体机，实时采集现场 PM2.5、PM10、噪声、温度、风力等相关环境数据。

在固定场区采用固定式环境监测一体机，为移动工作面设置可移动环境监测一体机，实现对主要工作面的覆盖；对于现场环境问题能够实现实时声光报警；施工现场管理人员可根据反馈信号开启雾炮等降尘措施。

平台根据环境监测标准提供的接口接入相关的数据并展示。

（1）系统构成。

环境监测一体机硬件包括扬尘检测器（针对 PM2.5、PM10、TSP）、噪声传感器、风力风向计、温度湿度计；同时集成 LED 显示屏，直接显示现场环境数据。一体机集成传输模块可直连网线，也可通过 4G/5G 信号将数据远程传输至工区机房电脑。

监测数据一方面由环境监测一体机自带的存储空间存储，另一方面可传输至建管平台服务器存储。

各工区环境监测一体机的数据上传至智慧工地平台后，平台端可查看各点的实时数据、过往数据、预警记录等，并支持在监测预警启动时通过短信与电话方式告知相关工区责任人采取相应措施。

（2）洞内气体监测。

通过在空气流动性低的封闭和半封闭隧洞区域设置气体监测点，进行气体数据自动采集、实时统计分析、传输查看、预警，确保施工安全，降低气体危险，以达到具备施工条件的安全环境。监测的气体种类有氧气、一氧化碳、甲烷、二氧化硫、硫化氢等。实时采集不同类别有害气体，监测气体浓度等指标，根据不同气体类型设置相对安全阈值，当监测值临近或者大于安全阈值时，系统自动触发预警、报警机制（如图 4-23 所示）。

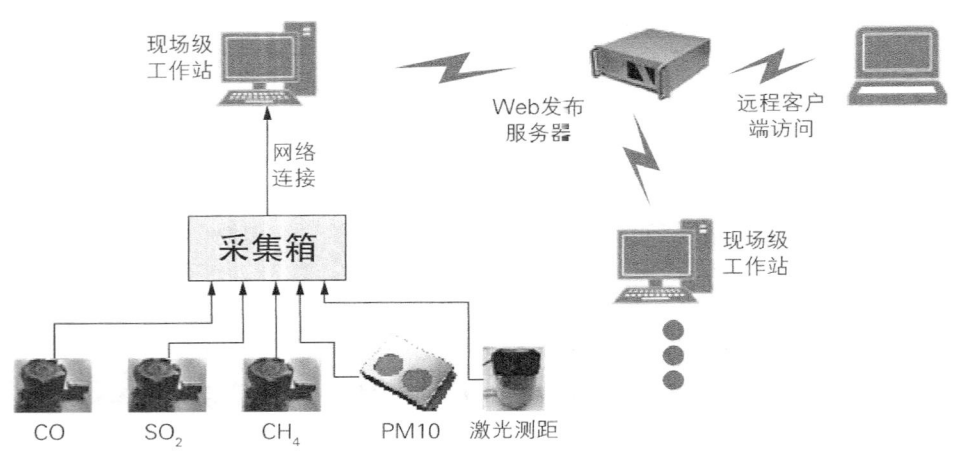

图 4-23 洞内气体监测联动机制

（3）排洪渠流量监测。

在场内主要排洪渠处安装流量监测设备，实时监测其过水流量及流速大小，数据传至智慧工地平台，可为后续的应急措施提供数据依据（如图 4-24 所示）。

6. 危化物品管理

（1）出入库管理。

危化物品入库：对危化物品进行入库登记，统计进场危化物品数量和供应商情况。对现场未使用完的危化物品做返库操作及统计处理。对从其他项目调入本项目的危化物品进行统计，汇总所有的危化物品入库数据，并可对每种危化物品进行详细的入库信息查询。

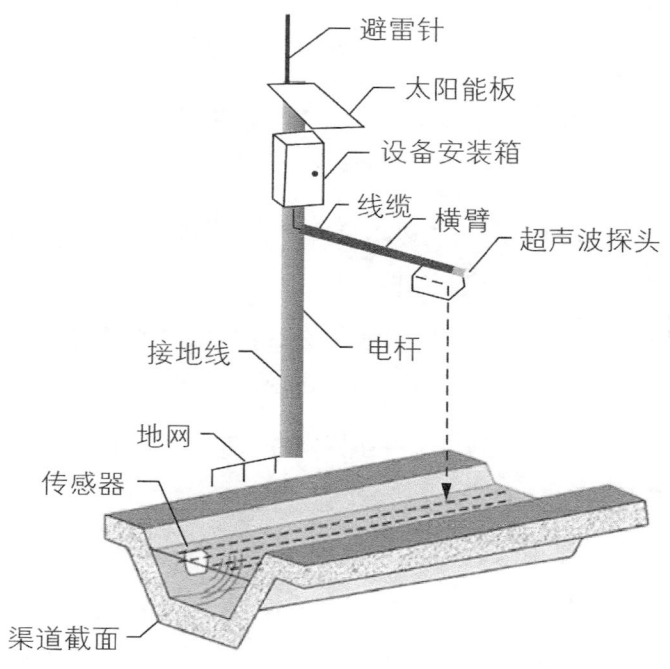

图 4-24 排洪渠流量监测示意图

危化物品出库：对库存危化物品的使用进行出库登记，统计危化物品出库使用情况、关联使用单位及领料人。对现场不合格的危化物品或因其他原因将危化物品退还给供应商的情况进行统计。对项目中不再使用的危化物品的出售情况进行统计。汇总上述所有危化物品出库情况数据，统计出库危化物品总量，并可对每种危化物品详细的出库信息进行查询。

（2）危化物品仓库监控。

通过在危化物品仓库安装 AI 摄像头和环境监测传感器，对危化物品贮存环境进行智能化管控。监控数据实时传输至智慧工地平台，当监测数据超过阈值时自动报警，避免积水、漏水、潮湿等异常情况的发生。将监控画面实时传输到平台，发现火苗、抽烟等危险现象，或监测到未授权者闯入时，自动抓拍、线上线下自动报警，并第一时间将相关信息发送给责任人，为危化物品的安全存放提供保障。

7. 项目现场指挥大厅

现场指挥中心物理实体大厅硬件配套设施主要包括大屏幕综合展示、台式机、网络交换机、发言扩声系统等设备。计划在业主营地综合办公楼设置项目现场指挥大厅,便于管理人员进行远程工作决策。可实现以下三种功能:

(1)对现场施工情况进行实时监管。

(2)支持多路视频监控画面的调取查看,为应急指挥提供决策依据。

(3)展示工程概况、施工进度及工程亮点等信息。

另外,在进厂交通洞洞口平台布置室外大屏,实现展示项目情况、播放安全教育宣传片和显示欢迎词等功能。

8. 智慧工地设备布置清单

该抽水蓄能电站主要包括上水库、下水库、地下洞室以及业主营地这几个施工区域。根据各施工区域的特征,相应地布置了智慧工地所用设备,设备布置清单如表4-5所示。

表4-5 智慧工地设备布置清单

设备名称	数量	单位	布置位置	备注
人员管理				
双通道人脸识别闸机	3	套	上、下水库工区进/出口各布置1套,业主营地工区进/出口布置1套	本方案在工区主要大门口配置;场内临建设施门口和各洞室洞口由施工单位安装,智慧工地平台收集其数据
人员定位系统	1	项	在进厂交通洞、通风兼安全洞、厂房内选择合适位置进行布置	定位标签预计500个
设备及特种设备管理				
特种设备定位	15	台	考虑流动性较大,根据所用部位适时分配	根据实际需求进行配置
自卸车定位	60	台	上库自卸车安装20台,下库自卸车安装20台,洞室施工用自卸车安装20台	

续表

设备名称	数量	单位	布置位置	备注
车辆出入识别闸机	3	套	上、下水库工区进/出口各布置1套，业主营地工区布置1套	与双通道闸机配套安装，其他部位收集施工单位数据
塔吊相关设备	2	套	业主营地两台塔吊	包括塔吊状态监测、人脸识别、吊钩可视化监测
固定/移动式测速仪	2	台	对场内车辆进行监管	固定/移动式测速仪
环境监测				
环境监测一体机				提取环境监测标数据
洞内气体监测设备	2	套	进厂交通洞和通风兼安全洞	
排洪渠流量监测设备	1	套	安装在场内主要排洪渠处	其他水文数据可采集水文监测数据接入至平台
危化品管理				
危化物品管理	2	套	现场涉及的油库等危化场所	包括AI摄像头、环境监测传感器、烟/火报警器、人脸门禁等一套设备
现场指挥大厅				
现场指挥大厅	1	项	初步拟定布置于进厂交通洞洞口平台	现场指挥大屏、投影机、计算机、网络交换机、发言扩声系统、吸顶音箱等设备
现场室外展示大屏	1	项	布置于进厂交通洞洞口平台	

4.2.3 智慧工地部署实施方案

1. 硬件设备部署条件和原则

智慧工地硬件设备在使用过程中，需要各方提供以下两个条件：

第一，需要现场项目部提供用电接口，智慧工地硬件设备需要具备稳定的供电才可以正常工作，以智慧工地硬件设备点位底部提供项目三级配电箱供电为准。

第二，部分设备涉及对现场原有机械设备的加装改装，需要现场管理人员的协调工作。

硬件部署原则如下：

- 人员管理应用。在项目主要施工进出通道或人员相对集中的场所布置劳务实名制闸机通道。
- 机械设备应用。给特种设备、起重机械等大型设备安装状态监控设备。本工程的特种设备主要为塔吊，现场主要施工机械设备有装载机、挖掘机、自卸车。
- 环境监测应用。在施工扬尘重点区域布置环境监测设备一体机，并在周边配置降尘设备，及时实现降尘。

2. 施工技术要求

（1）设备安装技术要求。

安装支架：室内摄像机的安装固定，根据摄像机型号和现场情况可采用壁装、吊装及角装等多种形式的安装支架，安装高度应不低于 2.5 米。安装室外的摄像机，若可借助建筑物附着安装，则选用相应的安装支架进行安装；若无合适的建筑物供附着安装，则需要选用视频监控专用立杆，安装高度应不低于 3.5 米。

室外端接箱：室外摄像机的供电、信号等需要在室外进行汇集，需用专用的防水箱进行端接。端接箱内部安装架的设计应充分考虑设备的安装位置，同时具有防雨、防尘、防高温、防盗等功能。不便于在立杆上部安装设备箱的，可在地面设置设备机柜，其设计按照相关的规范标准执行，同时应具有防尘、防雨、防破坏等功能。

接地及供电：对前端供电和控制部分需要采取有效的避雷接地措施，充分保障前端的稳定性和可靠性。

直击雷防护：在直击雷非防护区的每个视频监控点均配置预放电避雷针，安装于监控点立杆顶部。提前预放电避雷针，能利用雷云电场周围电场强度向针尖发射高压脉冲的特性，提前一定的时间引导雷电放电，不至于使局部雷云电荷积累形成过大的雷击强度，降低监控点雷击接闪强度和电子设备雷击电磁脉冲强度，提高室外监控点的保护裕度（统计学术语）。

供电设施的雷击电磁脉冲防护：电源防雷系统主要是防止雷电波通过电源对前端设备造成危害。为避免高电压经过避雷器对地泄放后的残压或因更大的雷电流在击毁避雷器后继续毁坏后续设备，以及防止线缆遭受二次感应，本系统对前端室外防水箱220V电源进线以及室外防水箱到摄像机的低压电源线路进行避雷接地，接地线缆截面积建议不小于6平方毫米。

均压等电位连接技术：等电位连接是将正常不带电（或不带信息）的、未接地或未良好接地的设备金属外壳、电缆的金属外皮、金属构架、金属管线与接地系统作电气连接，防止在这些物件上由于感应雷电高压或接地装置上雷电入地高电位的传递造成对设备内部绝缘、电缆芯线的反击。

（2）光缆敷设要求。

① 施工现场环境复杂多变，光缆敷设应充分结合施工现场具体路由、现场环境和光缆线路安全、后期运营维护等多方面因素，采用架空、直埋等多种方式相结合。

② 光缆敷设使路由选择应尽量避开后期施工开挖区域、落石区域以及材料土方堆放点，保证光缆安全以及维护便利。

③ 光缆穿越障碍点、跨越道路、沟渠时，应采取镀锌钢管、混凝土包封、架空等多种方式对光缆进行保护。

④ 光缆途经施工作业区域时，需设立安全警示标志。

⑤ 光缆预留应结合施工现场情况进行，尽量保证光缆转弯处、光缆成端、光缆接续处以及直线段每200米进行一次预留，预留长度以15~20米为宜。

（3）设备维护保障。

为了做好监控及智慧工地设备的维护工作，定期对现场设备进行监测、维护、服务、管理，以保障设备长期、可靠、有效地运行。

① 维护基本条件。

进行正常的设备维护所需的基本条件要做到"四齐"，即备件齐、配件齐、工具齐、仪器齐。

备件齐：通常来说，每一个系统的维护都必须建立相应的备件库，主要储备一些比较重要而损坏后不易马上修复的设备，如摄像机、镜头、监视器等。这些设备一旦出现故障就可能使系统不能正常运行，必须及时更换，因此必须具备一定数量的备件，而且备件库的库存量须根据设备能否维修和设备的运行周期特点不断进行更新。

配件齐：配件主要是设备里各种分立元件和模块的额外配置，可以多备一些，主要用于设备的维修。常用的配件主要有电路所需要的各种集成电路芯片和各种电路分立元件。其他较大的设备就必须配置一定的功能模块以备急用。这样，经过维修就能用小的投入产生良好的效益，节约大量更新设备的经费。

工具和检测仪器齐：要做到勤修设备，就必须配置常用的维修工具及检修仪器，如各种钳子、螺丝刀、测电笔、电烙铁、胶布、万用表、示波器等，需要时还应随时添置，必要时还应自己制作如模拟负载等作为测试工具。

② 设备维护中的一些注意事项。

在对智慧工地设备进行维护的过程中，应对一些情况加以防范，尽可能使设备运行正常，主要须做好防潮、防尘、防腐、防雷、防干扰工作。

防潮、防尘、防腐：对于各种前端采集设备来说，由于设备直接置于有灰尘的环境中，对设备的运行会产生直接的影响，需要重点做好防潮、防尘、防腐的维护工作。如摄像机长期悬挂于棚端，防护罩及防尘玻璃会很快蒙上一层灰尘、炭灰等的混合物——又脏又黑，还具有腐蚀性，给设备带来损坏的同时严重影响摄像效果。因此必须做好摄像机的防尘、防腐维护工作。在某些较潮湿的地方，必须在维护过程中就安装位置、设备的防护进行调整以提高设备本身的防潮能力，同时对高湿度地带要经常采取除湿措施来解决防潮问题。

防雷、防干扰：从事过机电系统维护工作的人都知道，雷雨天气一来，设备遭雷击是常事，这会给监控设备的正常运行造成很大的安全隐患，因此，必须高度重视监控设备在维护过程中的防雷问题。防雷措施主要是做好设备接地的防雷地网，按等电位体方案做好独立的地阻小于1欧的综合接地网，杜绝弱电系统的防雷接地与电力防雷接地网混在一起的做法，以防止电力接地网杂波对设备产生干扰。防干扰则要做到布线时坚持强弱电分开原则，把电力线缆跟通信线缆、视频线缆分开，严格按照通信和电力行业的布线规范施工。

③ 具体措施。

定期对设备进行除尘、清理，扫净监控设备上的尘土，对摄像机、防护罩等部件要卸下彻底吹风除尘，之后用无水酒精棉将各个镜头擦干净，调整清晰度，防止由于机器运转、静电等因素将尘土吸入监控设备机体内，确保机器正常运行。同时检查监控机房通风、散热、净尘、供电等情况的设施。室外温度应在 $-20℃ \sim 60℃$，相对湿度应在 $10\% \sim 100\%$；室内温度应控制在 $5℃ \sim 35℃$，相对湿度应控制在 $10\% \sim 80\%$，为机房监控设备提供一个良好的运行环境。

根据监控系统各部分设备的使用说明，每月检测设备各项技术参数及传输线路质量，处理故障隐患，协助监控主管设定使用级别等各种数据，确保各部分设备功能良好，正常运行。

对容易老化的设备部件，如视频头等，每月进行一次全面检查，一旦发现老化现象应及时更换、维修。

对易吸尘部分每季度进行一次定期清理，如监视器暴露在空气中，由于屏幕的静电作用，会有许多灰尘被吸附在监视器表面，影响画面的清晰度。要定期擦拭监视器，校对监视器的颜色及亮度。

对长时间运行的监控设备每月进行一次定期维护，如硬盘录像机长时间运行会产生较多的热量，一旦其风扇有故障，会影响散热，造成硬盘录像机运行不正常。

对智慧工地系统及设备（如网络设备、服务器系统、监控终端、各种终端外设）的运行情况进行监控，分析运行情况，及时发现并排除故障。及时进行桌面系统的运行检查、网络及桌面系统的病毒防御。

定期对监控系统和设备进行优化：合理安排网络需求，如带宽、IP地址等限制。定期对智慧工地系统进行网络性能检测，包括网络的连通性、稳定性及带宽的利用率等。实时检测所有可能影响监控系统的外来网络攻击，实时监控各服务器运行状态、流量及入侵监控等，对异常情况进行核查，并及时处理。根据用户需要进行监控网络的规划、优化，协助处理服务器软硬件故障及进行相关硬件软件的拆装等。

4.3 案例三：某街道未来社区

4.3.1 项目背景

该社区位于某新城中心，管辖三个住宅小区，区域面积约0.27万平方千米，辖区共有住户3844户，常住户3625户，商铺195家，常住人口13000余人。该小区居民九成以上为购房安家的"新城市人"，"生人社会"特点突出，社区治理面临"人口多、诉求多、矛盾多、社工少、阵地少、资金少"的"三多三少"现状，"小马拉大车"问题亟须解决。同时，小区居民常常感到"融入当地难，参与治理难"，"遇到问题就信访，稍有不满就投诉"成为常态。居民获得感不强，自我管理、自我服务的主人翁作用未能充分发挥。

1. 需求分析

（1）居民需求。

邻里之间交流少，缺少便捷的交友渠道，很难在多元化的人群中找到家的归属感。社区决策性事件，居民参与程度低，缺少献计及信息获取渠道，很难有居民当家做社区主人的感觉。居民办事流程复杂，效率低，线下获取服务信息难。一老一小缺少优质的服务资源，在家待业宝妈时间充裕，缺少再就业门路或者创业资源。

（2）社区需求。

社区日常工作繁忙，在用工作系统繁多，缺乏统一工作入口。基层党建工作开展困难，党建宣传及组织活动开展效率较低。社区人口流动性大，管理困难,人口摸排难度较大,很难形成动态准确的社区人口台账。商户管理工作较烦琐,日常巡查及评选缺少高效的工具,日常积分管理还是线下发券兑换的形式,给基层管理人员带来了额外的工作量。社区日常活动开展及消息发布的渠道单一,居民感知不强,活动组织效果有待提升。

(3)运营需求。

物业日常服务管理缺少工具,纯人工加线下的模式给物业工作带来很多不便。日常巡更巡检等工作效率低,缺少准确可信的数据来源。社区运营商组织活动的手段较传统,社群运营缺少数字化渠道。课程活动开展效率较低,居民参与程度低,纯线下报名参与的方式不太实用。居民参与社区事务的积极性差,缺乏积分抓手串联各大场景。

2. 建设必要性

(1)深化落实未来社区建设要求。

2019年4月23日,该社区所在的浙江省发布了《浙江省未来社区建设试点工作方案》(浙政发〔2019〕8号),对"未来社区"建设试点的目标定位、任务要求、措施保障做了解释,而这份文件的发布,也标志着浙江的未来社区创建工作进入实质性阶段。

该社区抓住这一历史机遇,全面推进各类应用场景的发展建设,助力社区尽快成为人民群众的"美好家园"。

(2)打响"两个高水平"建设新名片,支撑浙江省数字化改革。

搭建未来社区智慧服务平台,使之成为社区场景应用、数据汇聚、硬件接入的统一载体,实现本地社区跨业务系统协同、数据打通以及软硬件的快速上线。紧密衔接省级平台,可以实现标准化应用服务的快速分发与安装使用,从而为业主提供便民服务,为物业提供持续运营,为政府提供公共服务与社区治理等全方位解决方案,建设"省无市有,省有市优"的数字社会标志性工程,为全省数字社会建设做出贡献。

（3）凭借优势区位，争做共同富裕示范先行者。

2021年6月10日，中共中央、国务院发布《关于支持浙江高质量发展建设共同富裕示范区的意见》，赋予浙江省重要示范改革任务，先行先试、做出示范，为全国推动共同富裕提供省域范例。该意见指出，到2025年，浙江省推动高质量发展建设共同富裕示范区取得实质性进展；到2035年，浙江省高质量发展取得更大成就，基本实现共同富裕。

4.3.2 项目总体设计

围绕"家"文化内核，统筹考虑居民、运营商、社区及上级部门的需求，紧贴"大家""小家"两大目标，打造未来社区智慧服务系统。系统建设遵循未来社区数字化"1N93"总体架构，通过建设N个符合社区需求的数字化应用，结合空间运营，最终实现人民对美好生活向往的美好愿景。

作为社区场景应用、数据汇聚、硬件接入的统一载体，社区智慧服务平台实现本地社区跨业务系统协同、数据打通以及软硬件的快速上线。为业主提供便民服务，为物业提供持续运营，为政府提供公共服务与社区治理等全方位解决方案。项目总体设计主要包括以下几个方面：

- 整合现有社区数字化系统资源，以未来社区智慧服务平台作为统一入口，提升社区管理效率，为社区工作者减负。
- 盘点社区现有智能化硬件资源，将现有物联进行统一整合，使资源得到充分利用。基于实际用户服务需求及社区管理需求，因地制宜新增智能化设备，提升社区整体智能化水平。
- 充分考虑社区居民、社区管理、社区运营的需求，建设多个实用的应用，为各方带来切实好用管用的系统体验。
- 建设统一的未来社区智慧服务平台,充分考虑数字化改革的要求，全面落地数字社会 12 种应用，形成数据有效上传下发，提升社区整体社会服务能力。

项目的具体建设原则体现为"五个坚持"。

（1）坚持系统观念、统筹推进。

遵循浙江省数字化改革"四横四纵两端"总体架构和"1612"体系架构，强化系统观念、用好系统方法、统一未来社区数字化改革话语体系，把系统工程方法解决问题的思路与未来社区数字化改革的一般特征紧密结合。坚持以增量开发、循序渐进为推进模式，借助最佳应用清单为标尺，定好规则规矩，推动未来社区数字化改革更加体系化规范化。完善改革系统机制，加强综合统筹，持续优化平台和系统架构，在大场景中找准小切口，以重大任务牵引打造重大应用，加快形成未来社区领域的实践成果、理论成果和制度成果。

（2）坚持需求导向、以人为本。

坚持以需求为导向，立足城乡居民日益增长的对美好生活的需求，利用现代信息技术推进政府社区管理方式变革，转变社区发展方式，提升社区公共服务能力。立足九大场景的实际需求，发挥信息化对科学高效配置资源的支撑和服务功能，切实增强人民群众对未来社区建设带来便捷、高效、创新服务的满意度，惠及城乡居民。进一步梳理改革需求，深入谋划多跨场景，厘清堵点、痛点、难点问题，以数字驱动制度重塑，以多跨场景应用为重要抓手，推动未来社区数字化改革走深走实。

（3）坚持资源整合、共享协同。

统筹做好未来社区数字化顶层设计和整体规划，所有工作都要体系化规范化，在规划内运行，加快未来社区数字化资源整合和集约化建设，逐步推进，分步实施。以全龄教育、全民康养、邻里互助、绿色节能、服务周到、治理深入等主要领域为重点，运用现代信息技术打造一批集成应用，以与社区居民生活相关的高频应用为切入点，推动多跨应用场景落地见效，为社会空间所有居民提供全链条、全周期、多样、均等、便捷的社会服务，为社会治理提供系统、及时、高效的管理支撑。发挥"民生服务＋社会治理"双功能作用，让城市和乡村变得更安全、更智能、更美好、更有温度。

（4）坚持安全有序、健康发展。

坚持网络安全与信息化发展同步推进，健全管理制度，落实网络安全主体责任，加快未来社区系统网络安全和信息化保障体系建设，统筹提升未来社区数字化发展水平和网络安全保障能力，坚持网络安全与系统建设"同步规划、同步建设、同步运行"。构建网络安全综合防御体系和管理制度，始终守住网络信息安全和公共数据安全底线。

（5）坚持政府引导、社会参与。

发挥政府在未来社区建设中的社会管理和政策引导作用，促进信息技术与未来社区建设深度融合发展。鼓励社会参与，吸引社会投资，促进社区公共资源全面开放，引导社会各界参与开发利用；探索运用政府和社会资本合作模式，支持引导社会资本投资未来服务领域，建立公益性服务、企业化管理、社会化运营的服务模式。

4.3.3 项目设计框架

1. 系统架构

未来社区数字化建设遵循"1N93"原则，即1个数字基座、N个场景应用、9大场景、3大服务端口，协同社会事业12领域与跨部门多业务协同应用（如图4-25、图4-26所示）。

未来社区智慧服务平台采用"1+3+9"应用体系结构，即1个该社区核心管理后台、3大应用端、9大场景智慧应用，通过软硬件联动、前后端协同，实现未来社区9大场景应用落地，长效运营。

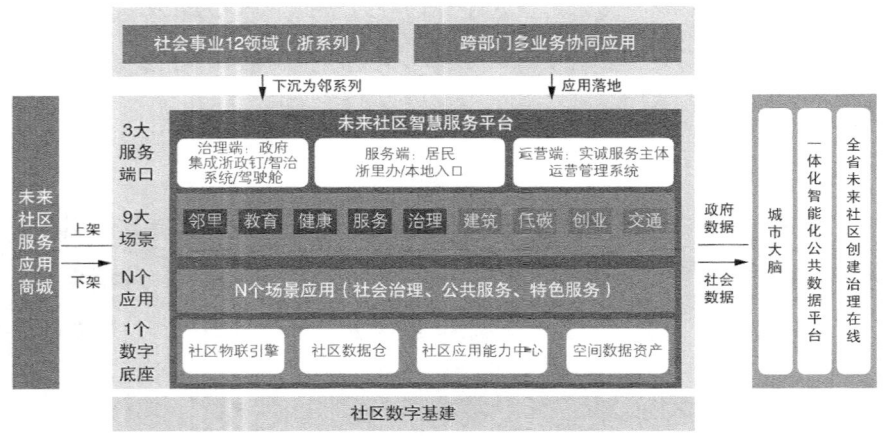

图 4-25 未来社区数字化建设总体架构

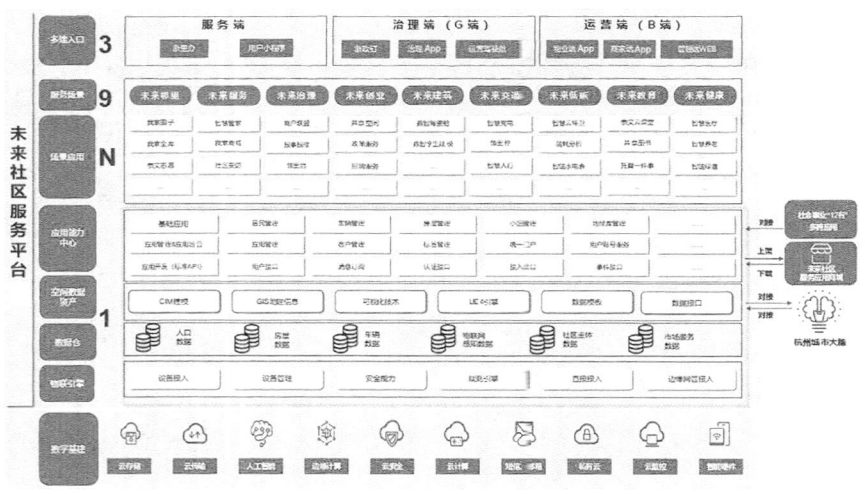

图 4-26 未来社区架构图

- 1个未来社区核心管理后台：集社区服务、社区商城、党建管理、物联设备管理等功能于一体的社区管理系统，是社区管理人员的应用端口。

- 3个应用端：用户端浙里办、居民小程序作为居民入口，为居民提供邻里社群、报事报修等生活应用；运营端App为社区运营商提供便捷的数字化运营手段。治理端为社区管理者提供快速便捷的工作入口，以浙政钉/社区驾驶舱/管理端App为主，提升社区整体数智管控能力。

- 9大场景智慧应用：结合未来社区九大场景，为未来社区规划了N项智慧应用，如积分体系、智慧党建、智慧健康小屋、智能垃圾分类等，让技术为居民生活增添便利。

2. 总体技术路线

未来社区平台的总体设计基于云计算平台（政务云/私有云或者公有云），应用主流移动互联网开发技术，融合物联网智能硬件的接入，并支持与外部系统的数据、流程协同，实现按需使用的业务需求和运营支撑（如图4-27所示）。

在设计平台基础设施时，根据启用的智慧应用类型和用户量情况，考虑了弹性的计算能力，为大容量并发访问使用动态的负载均衡，可以随着业务的变化快速增减服务器节点，以利于灵活控制投入成本。因此，平台的基础资源层采用了云计算与Docker容器集群，实现资源的高度利用率及服务的弹性扩缩容。Docker容器技术隔离了传统硬件资源层的差异性，使应用服务层与硬件资源层解耦，让平台的应用服务层可以无差别地运行在Linux、Windows Server以及云计算时代的IaaS服务上。

该未来社区平台业务中台基于"高内聚低耦合"的思想，使用微服务架构，进行模块化应用的组合以及外部服务的接入。同时引入多种流行中间件方案，将服务层与数据层进行解耦，如消息队列组件、缓存组件、调度分流组件等。

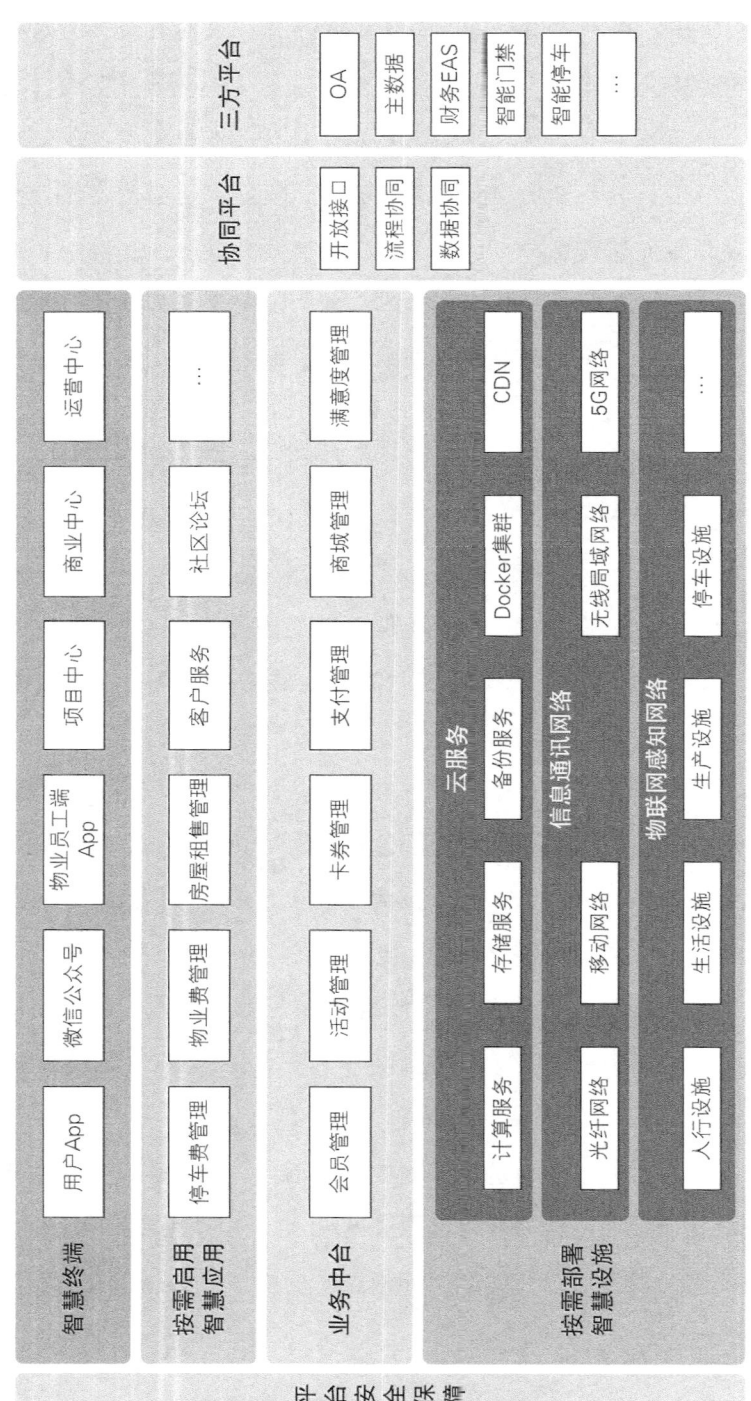

图 4-27 未来社区平台总体技术架构

提供统一的协同平台，整合对外开放的服务、管理、数据等能力，对外提供多种可访问授权接口。

平台的客户端层采用多种技术方案以满足不同场景的需求，在最终用户端提供用户端（Android 版及 iOS 版）、H5 端接入，可以以轻量级应用的方式接入"微信"等平台。使用跨平台的混合开发模式（原生+H5），以快速响应用户的需求变化。在后台管理端提供 B/S 架构的管理后台，兼容主流的现代浏览器，包括 Chrome、Firefox、360 等，使整个平台的使用场景可以基本覆盖所有终端，包括 iOS、Android、Windows、Linux、MacOS 等。

（1）总体技术架构。

按照上述设计思路，平台总体技术架构如图 4-28 所示。

平台集成了各类丰富的功能、服务以及接口，因此我们对提供的各类数据资源和应用系统资源进行统一的服务化封装、处理及管理。

为了实现功能快速迭代、高并发、云化部署，我们基于新一代的微服务架构技术以及云原生应用模式，进行系统的开发和部署发布。

使用数据库中间件实现数据库的读写分离，并支持平滑的分表扩容，满足数据不断增长的需求；采用 Redis 集群提高数据访问性能，减轻数据库负载。

采用消息队列集群，将服务解耦，对业务并发高峰进行削峰处理，保证模块稳定与可扩展性。

监控和运维平台能快速发现和恢复系统故障，通过自动化、智能化的手段实现大规模系统的可靠运营。

安全管理体系集成多种安全手段，实现整个系统的安全态势感知、安全配置、权限控制、报警等。

平台整体利用微服务及容器化 Docker 集群方案，引入多级别的熔断技术以及多副本集群方案，保证单个或者少数功能节点故障能被快速隔离，从而不影响整体系统的稳定性及健壮性。

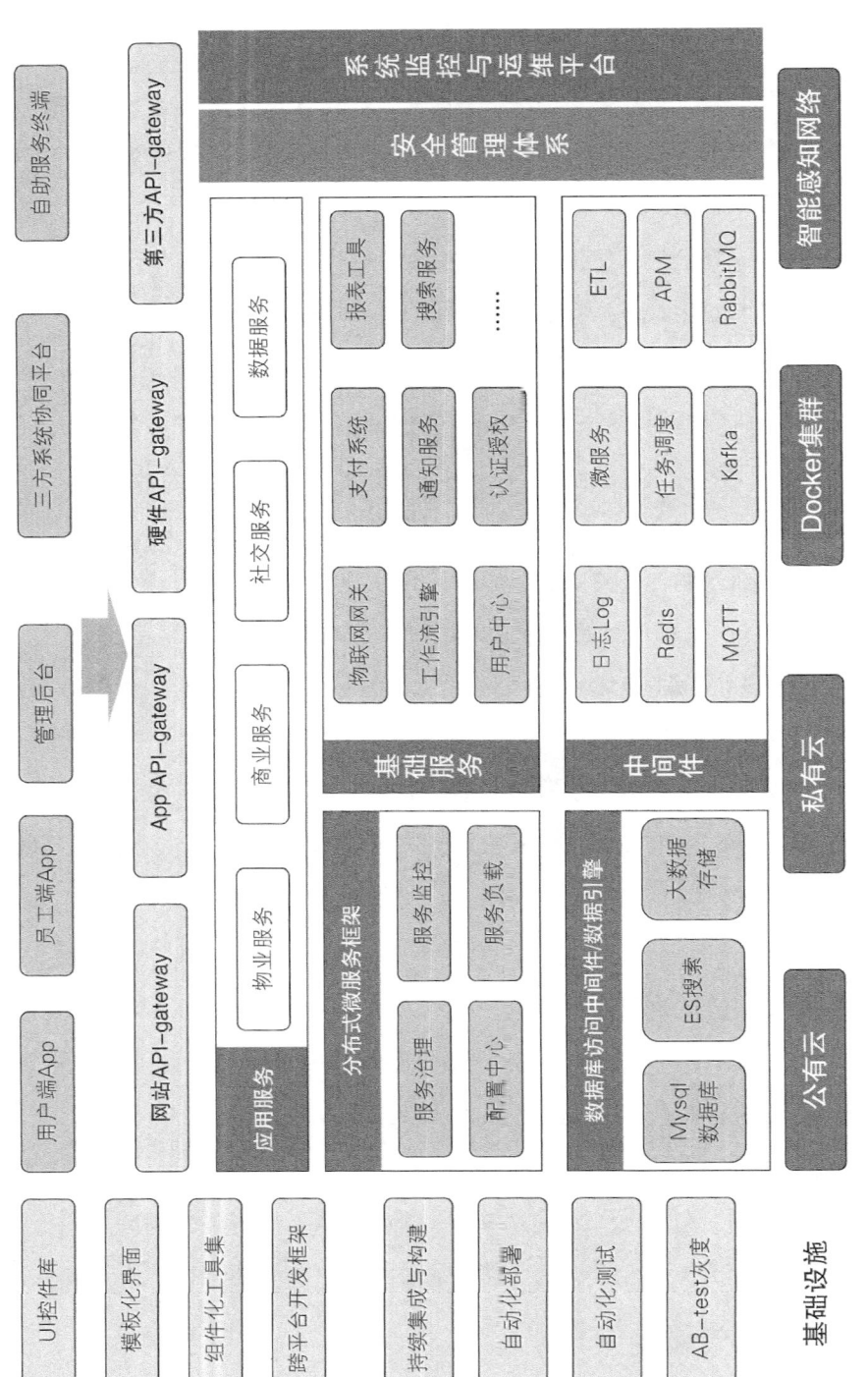

图 4-28 未来社区平台总体技术架构

全平台引入 ELK/EFK 日志分析系统，从硬件层、数据层、接口层、应用层全方位覆盖。能够聚合全平台的日志进行智能解析、及时监控。特别是对平台的行为日志进行记录，对敏感的非法操作产生警告。

平台的架构设计采用了业界流行并被大量实例所证明的技术解决方案以及中间件方案。这些方案和组件具备良好的经济性、可扩展性及可定制性，可以方便地按照需求进行二次开发，最终满足业务需求。

（2）微服务架构。

移动互联网时代发展日新月异，为了实现功能快速迭代、高并发、云化部署，我们基于新一代的微服务架构技术（Spring Cloud）以及云服务模式，开发搭建一体化平台。

微服务继承了面向服务架构（SOA）的整体思路，强调将巨石型应用或服务拆分为微小的服务应用。微服务是指开发一个小型的但有业务功能的服务，每个服务专注于单一的功能，运行在独立的进程中；每个服务都有自己的处理和轻量通信机制，可以部署在单个或多个服务器上。在业务逻辑层面，把集中整体的逻辑拆解为更细化的逻辑单元；在数据存储层面，也可以按照情况从集中的存储拆解为更小的存储单元。服务之间的边界清晰，采用轻量级通信机制相互沟通、配合来实现完整的应用，满足业务和用户的需求（如图4-29所示）。

4.3.4　系统方案

未来社区智慧服务平台基于社区业务系统集成数据，通过挖掘用户基础数据、行为数据、偏好数据、消费数据以及社区设施和设备之间互联产生的全息数据，为业务提供数据接入、分发与应用，实现敏捷支撑政府、物业、商家及居民等相关各方的业务创新需求，打造快速服务业务需求的能力，并按需实时处理，体现数据资产化及价值最大化。

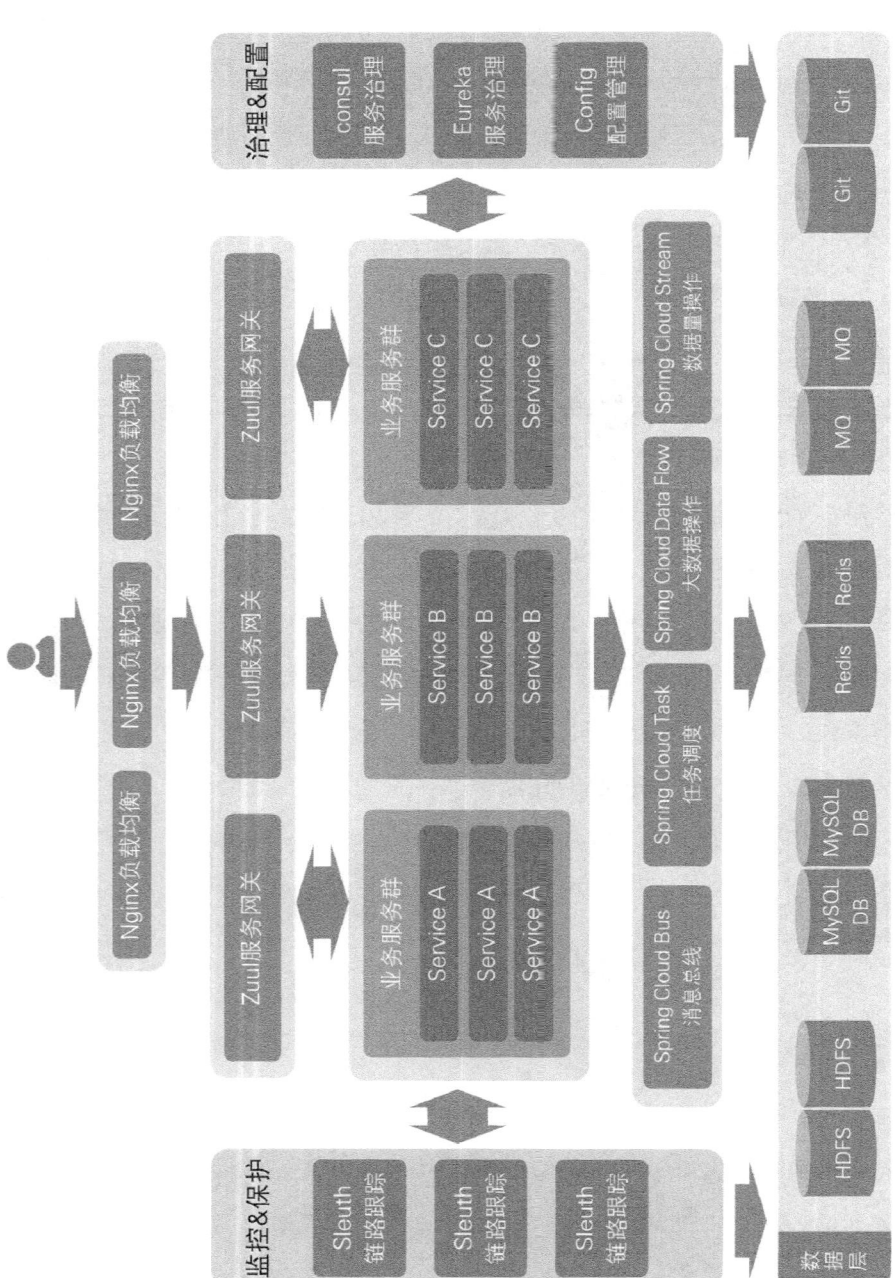

图 4-29 微服务架构

平台由社区物联引擎、数据仓、应用能力中心、空间数据资产等部分组成。

社区物联引擎为社区智慧服务平台提供基础技术引擎。可基于统一标准提供社区智能化设备认证、接入、监控、控制及管理能力，提供海量设备连接、设备和云端双向消息通信、设备数据发布订阅能力，提供社区感知设备间通信能力，提供社区感知设备与业务应用系统通信能力，将各系统的设备数据打通、联动，统一进行管理。

社区数据仓实现社区数据的汇聚、治理和应用。可汇聚社区物联感知数据、市场服务数据及社区自组织各主体的活动数据，包括社区空间人、车、房、物等资产数据和动态记录数据的存储及管理功能。批量数据上传云平台进行清洗、分析和存储。在数据安全与隐私保护基础上，通过数据接口引擎与城市大脑实现数据交换和共享。数据赋能实现社会事业公共服务、市场化生活服务、居民自组织服务等数据全场景链接。

社区应用能力中心为上层应用提供标准的 API 接口，提供数据集成、消息集成、应用集成等业务中台能力。可贯通城市大脑、链接服务应用商城，实现应用接入、验证、发布等标准化管理，包括组件管理、工作空间管理、项目管理、标签管理等内容，快速实现场景化应用构建；提供小区管理、房屋管理、用户管理、访客管理、车辆管理、组织管理、应用权限管理、人行管理、AI 布防、车行管理、可视对讲、公告等基本应用服务。

社区空间数据资产是社区建设管理中积累的空间基础数据，可提供统一标准的空间服务能力，实现社区空间全要素数字化、全状态可视化、管理精细化（如图 4-30 所示）。

图 4-30　系统界面

1. 物联引擎

物联引擎是以物联网平台沉淀的设备池、设备上云能力、边缘计算能力、语音能力、互联互通及多端输出能力搭建的物联网数字社区行业平台，是为社区场景提供基于云计算、大数据、人工智能等构建的云管边端一体化、安全的物联网基础平台和应用服务平台（如图 4-31 所示）。

（1）物联引擎为各类社区智能感知设施提供基于统一标准的接入服务能力。

① 基于统一标准提供社区智能化设备接入、设备安全认证及设备资产管理能力。

② 提供海量设备连接、设备和云端双向消息通信、批量设备管理、远程控制和监控等能力，并可将设备数据灵活流转到其他服务或消息中间件。

第4章
建筑业数字化转型案例：方法与实践

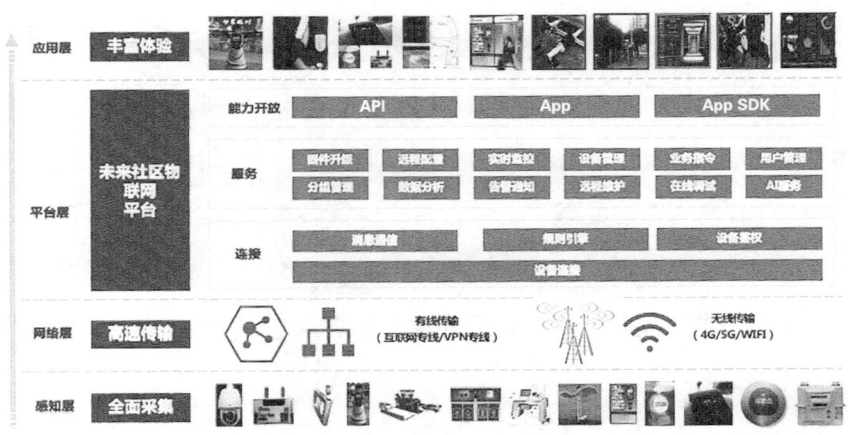

图4-31 物联网平台架构

③ 可以将各系统的设备数据打通、联动、汇聚，统一进行管理，让数据的价值最大化。

（2）物联引擎支持设备与云端通过数据引擎进行稳定可靠的双向通信。

① 提供设备端SDK、驱动、软件包等帮助不同设备、网关轻松接入云端。

② 提供2G/3G/4G、NB-IoT、LoRaWAN、Wi-Fi等不同网络设备接入方案，解决企业异构网络设备接入管理痛点。

③ 提供MQTT、CoAP、HTTP/S等多种协议的设备端SDK，既满足长连接的实时性需求，也满足短连接的低功耗需求。

④ 开源多种平台设备端代码，提供跨平台移植指导，赋能企业基于多种平台做设备接入。

2. 数据仓

未来社区服务平台能够基于灵活、开放的数据网关与政府系统及第三方平台对接和数据互通，通过基础数据的集成，构建一体化的融合平台，统一运营，彻底避免多系统"烟囱效应"，极大提升社区整体管理效率和社区综合治理能力。

203

未来社区数据仓复用市级能力开放平台中数据清洗、数据分析等组件功能。除了提供足够的计算能力之外，还可以实现数据的分享、流动和融合，数据仓围绕未来社区数据资源价值的最大化，提供"即时、全量、全网"的核心能力。即时，是指通过对全网数据即时计算，实现社区运行态势的即时感知、即时研判和即时处理。全量，是指支撑各种未来社区业务场景的全维度数据。全网，是指支持社区网、政务网、物联网以及互联网等所有在线数据的感知（如图4-32所示）。数据仓业务逻辑要点如下：

- 提供统一的数据感知与接入系统，实现行业终端设备的适配接入，对采集的数据进行可靠、实时的传输和转发。
- 提供社区业务数据一体化管理能力，构建未来社区核心数据层，实现设备管理、数据管理、事件告警、规则引擎等AIOT综合管理功能。
- 提供开放的平台和数据结构，为各种未来社区应用、第三方信息系统的扩展提供必要的接口和数据标准，实现数据对接、数据分发，打破"信息孤岛"。
- 提供强大的未来社区服务支持能力及通用的社区业务生成框架，系统灵活、可扩展，方便快速对接产品和系统，预留未来平台扩展和升级空间。

3. 应用能力中心

应用能力中心提供小区管理、房屋管理、图片管理、用户管理、居民管理、访客管理、车辆管理、物业员工管理、物业组织管理、设备管理、门禁管理、AI布防、车行管理、实名认证、公告、变更推送及订阅、可视对讲的数据标准和服务能力。

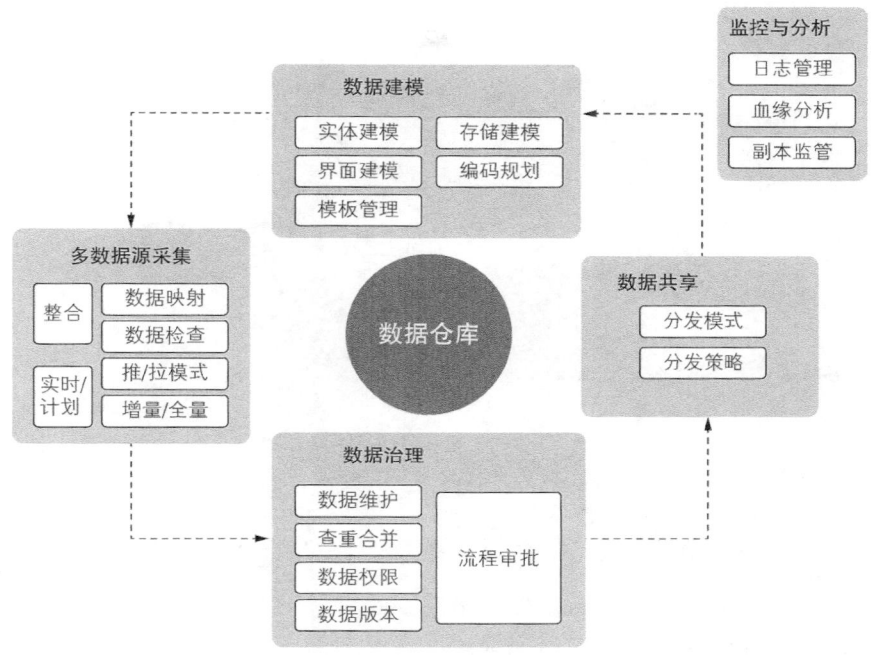

图 4-32 数据仓业务逻辑

4. 空间数据资产

管理人员可对社区内可用的空间以资产方式进行统一维护及管理，包括居民住房信息、车位等；可对社区空间的管理、房态的管理、空间资产的经营进行统计；支持以直观剖面图的方式展示单个楼宇的房间状态及租户租赁合同关联数据（如图 4-33 所示）。

5. 服务端

服务端面向社区 C 端居民，为其提供小程序等多种轻量级交互方式，一方面可实现该未来社区的推广覆盖；另一方面，服务端嵌入多款高频应用，居民既可获取教育、健康、邻里等市场化生活服务，还可直接访问政府类高频应用。

图 4-33　空间数据资产

居民端小程序是向社区居民提供社区专享服务的软件，是居民体验未来社区便捷服务的好帮手。它以社区基础服务为立足点，将包括访客通行、报事报修、活动组织、智能开门、投诉表扬、业委会、自治表决、在线缴费、体检报告、健康商城、健康档案、咨询服务、一键管家、活动管理、装修管家、场馆预订、社区帖子、快递服务等在内的各类服务全部"装进"居民手机，实现社区居民"手机随身带，服务随我行"，满足社区居民衣、食、住、行、用等方面的生活服务需求。它始终定位于服务，以服务赢得用户，让社区居民既物质满足又精神感动。

6. 运营端

运营端 App 是社区管理/物业服务人员的移动化服务软件。业主通过居民端小程序下单或前台人员录入居民服务需求后，管理端小程序可在第一时间通知相应物业人员，告知物业人员有任务需要处理；物业人员收到任务后，查看任务详情，并根据提示完成工作任务，实现物业服务"随时随地、全程管理"（如图 4-34 所示）。

第 4 章
建筑业数字化转型案例：方法与实践

图 4-34 运营端 App 界面

7. 治理端

未来社区服务平台的治理端以浙政钉为主要入口，作为社区管理枢纽，满足政府社区治理落地和持续运营，远程统一管控未来社区各项业务，全面统计分析应用状况，指导社区管理/治理和服务联动并支撑社区开展常态化、多元化运营工作。社区驾驶舱通过汇聚并融合日常运行和管理的相关全域、全时数据，对未来社区日常运行和管理状态进行全方位监控，并进行可视化管理和核心指标及高粒度展示，为城市运行和精准服务提供全方位的实时感知触角能力。同时，未来社区驾驶舱也提供预警和研判能力，并对城市运行提供前瞻分析，方便相关部门管理者全方位掌控未来社区创建情况和运营运行状态。

207

4.3.5 未来社区九大数字化应用场景

通过该案例,我们可以看到,未来社区至少可以包括以下九大数字化应用场景。

1. 未来邻里

(1)家头条。家头条聚焦"国家大事+社区小事",是县级融媒体中心在未来社区的下沉式平台,主要为社区居民提供时政资讯、热点新闻、政策宣传的推送,以及其他各类相关信息服务,打造社区居民的新闻资讯掌中宝。

(2)邻里帮。邻里帮是"志愿浙江"的社区版,通过流程再造,打通"志愿浙江",创新打造邻里之间需求与服务精准对接的互助式志愿服务,使未来社区更精准落地。

(3)文E家。文E家聚焦社区居民文有所化、文有所乐,优化文化供给,依托社区礼堂、文化公园、幸福学堂等线下公共文化空间,借助数字化手段和技术,解决"最后一公里"问题,提供更多更优质的个性化、智能化、便捷化文化服务,成为社区居民的文化休闲加油站。

(4)社区积分。社区积分是一套积分体系,通过积分中心进行积分的统一存储和兑换,将积分作为社区内运营的重要手段。

居民可以通过在社区生活中完成既定任务而自动获得积分,居民拥有积分账号存储个人积分,并可以在丰富的场景中使用已获取的积分,实现价值兑换,从而提升居民安全感、获得感和幸福感(如图4-35所示)。

建立社区积分生态体系闭环,有利于促进居民公益和社区活动的开展,促进社区商业场景的扩大和发展,提高社区物业服务水平。

建立数字化社区积分生态体系闭环,有利于促进居民公益和社区活动的开展,促进社区商业场景的扩大和发展,提高社区物业服务水平,弘扬诚信守约、共享互助、公益环保的社区精神。

第 4 章
建筑业数字化转型案例：方法与实践

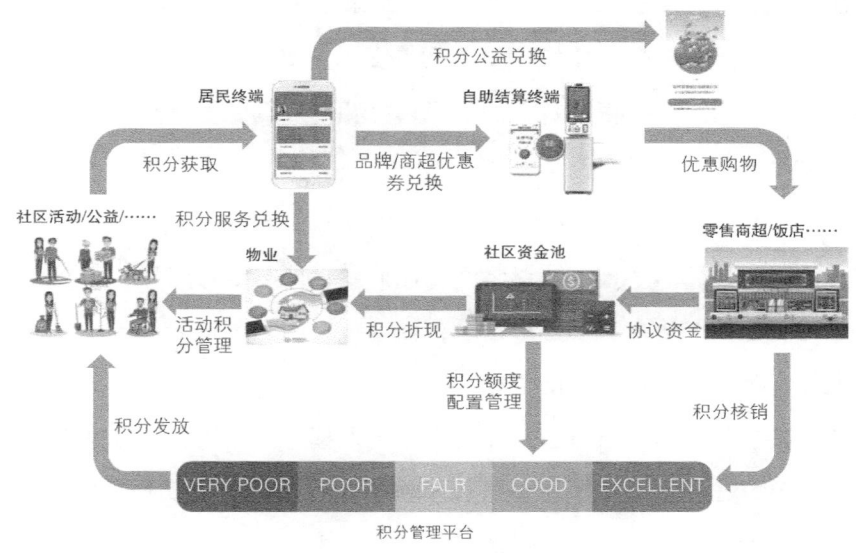

图 4-35　社区积分基本生态圈

积分的流转主要分为积分的获取、积分的管理（规则）、积分的使用三个环节。

（5）社区活动。社区活动依托线下丰富的社区活动空间，打造线上活动组织平台，活动组织者可线上发布活动的举办时间、地点、活动内容、组织团体等。社区活动功能方便居民组织社区专业特色文化社团等各类活动，包括以各类兴趣爱好为主题的邻里社群和琴棋书画、运动休闲、修身养生等社群。

社区居民可通过多种渠道，诸如移动端、社区大屏、电梯广告屏、智能语音终端等获取社区活动信息，了解社区活动的内容，参与社区活动。

同时，活动组织团体可组建线上文艺团体组织。社区居民可查看组织团队介绍、团队人员、人员数量、活动内容，并申请进入团队。活动组织团体可通过后台进行审核，通过以后，居民即可加入组织团体。

2. 未来教育

（1）托育监控。托育监控提供幼儿的托育功能，家长可以通过手机直接调取视频监控，实时查看幼儿的学习、生活情况。

（2）社区云课堂。运营管理人员可在云课堂平台开展线上兴趣班，也可上架达人课程，居民可根据自己的情况选择相对应的课程进行学习，丰富居民社区生活。

（3）社区达人。社区里的"达人"指的是社区中具有一定专业才能，同时对社区治理充满热情的居民骨干，他们是社区治理走向现代化的重要力量。通过吸纳社区达人参与基层治理，社区可以团结一批居民骨干，进而发挥达人的示范引领作用，有助于在全社区形成"知识共享、技能共享"的现代化共治共享的理念。通过达人库的建立，发挥达人能力，社区达人也可以将自己的知识进行分享，为社区居民提供各类丰富的知识。实现社区居民"人人为师"的知识、技能共享交流机制，让知识互相传播，让居民共同成长进步，形成社区共享学习的教育氛围。

（4）共享图书馆。共享图书馆对接小区书房，实现书籍的线上借还、捐赠等功能，通过人脸识别实现社区居民图书借阅及捐赠信息统计，并与积分系统打通，实现积分借阅等功能。

（5）托育一件事。此功能对接托育一件事平台，平台信息接入浙里办App，市民登录后，搜索"托育一件事"，然后根据定位，可查看家附近或者单位附近有哪些托育机构，机构的资质、环境及剩余托位数一目了然，免去家长面对互联网海量信息苦苦搜索筛选的烦恼。并且，所列托育机构全部经过辖区属地卫健部门审核，家长不会有被"坑"进"黑"机构的烦恼。选中心仪的托育园后，市民还能线上预约探园。

个别区域还增加了一键预约体检、一键报告查询等拓展服务。

3. 未来健康

（1）养老多跨。养老多跨整合享优待、约服务、智守护三大功能场景："享优待"根据老年人信息，做到优惠措施一单清；"约服务"提供个性化营养餐预约配送，为老年人绘制"养老地图"；"智守护"为老人提供自我评估与认知测评,向社区24小时同步结果,守护老人生命安全。

(2)健康小屋。健康小屋建设可实现自助检测、健康评估、健康干预、报告获取、数字人体和其他健康服务。通过先进的健康终端检测和互联网技术,实现检测数据智能预警,打通门诊、用药、体检、院内院外、线上线下等围绕居民全生命周期的医疗健康数据,为每位患者标上标签,创建基于结构化、动态、连续的居民全生命周期健康档案的数字健康画像,方便居民查询,并可以按需要实时同步到相关平台,从而使区域健康从以医疗为中心走向以健康为中心。

健康小屋还将在系统部署的半封闭或全封闭区域外,搭建便民服务、查询服务、监测服务三大块健康微诊室惠民便民服务。

老人通过健康设备将健康数据传到管理端,在管理端形成老人健康档案,再通过老人的手机端显示。用户每次记录的健康数据都会被保留,形成动态健康数据链,系统对于数据异常的情况可给予健康干预提示。

(3)健康档案。建立居民电子健康档案,实现社区居民线上挂号、线上医疗咨询、线上查看检查结果等健康管理功能且医疗数据可共享互认。

管理端通过与杭州城市大脑的医疗数据对接,将专用智能设备和健康小屋等物联感知设备采集数据归档,形成社区居民日常起居健康档案。后期系统通过与杭州健康管理平台对接后,形成更完整丰富的居民健康档案(如图4-36所示)。

通过专用智能设备数据对接,确诊的患者或居民可通过签约医生服务团队,绑定智能设备,获得医生团队日常跟踪管理服务,如出现异常情况,医生团队可及时关注相关情况。

4. 未来创业

(1)招聘服务。为社区居民提供求职渠道,管理者可整合周边企业资源,将企业与求职者的供需信息联通,结合创业空间,为居民提供优质丰富的创业/就业环境。

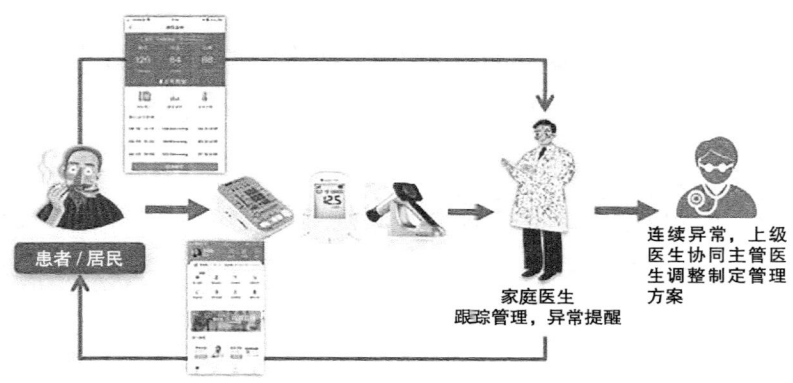

图 4-36 居民健康档案

（2）场馆预约。社区创业空间主要侧重于为社区创业者提供其所需的服务空间资源，如双创空间、会议室、共享工位等，社区管理员通过未来社区平台将这些空间资源进行分类和信息登记，配置好共享空间的开放对象、开放时段和收费标准等，一键发布到用户端和社区空间显示屏上。社区创业人员可通过手机了解空间资源的使用状况，开展便捷预订和在线支付。同时，社区共享空间可结合物联网进一步加强安全管控，在空间有效期内，通过人脸识别、手机二维码通行证等方式自动识别，实现社区共享空间的无感进入和认证使用。

（3）创业服务。未来社区智慧服务平台对接多类别政策平台，包括创业政策、人才落户政策、人才绿色通道信息等优惠政策。

运营人员及时将政府各平台的政策信息发布到平台上，让社区内企业、创业人员及时了解相关政策、补贴、福利等信息，为社区打造一个良好的创业环境。

同时提供线上咨询服务，运营人员通过线上方式为社区创业人才提供政策咨询以及各类生活服务咨询。

运营人员将创业政策、补助、优惠等信息添加发布到相关创业人员的手机端，创业人员可在手机端查看信息。

运营人员及时将政府各平台的政策信息发布到平台上，让社区内企业、创业人员及时了解相关政策、补贴、福利等信息，为社区营造一个良好的就业创业环境。

5. 未来建筑

未来建筑可以假设为社区驾驶舱，全面掌握社区空间、人、车、房、物等资产数据，汇聚社区物联感知数据、应用服务数据及社区各主体活动数据，实现社区数据一屏总览，社区运营状态一屏感知，助力管理者精准高效管理并服务社区。

6. 未来交通

（1）智慧停车。

智能停车管理系统是社区最为常见的管理系统之一，该系统可规范化、秩序化地对进出社区车辆进行管理。

预约访客车辆进出：智能停车管理系统可以实现访客预约功能，以便访客跟业主一样快速无感通行，免去物业门岗人员进行烦琐的访客登记手续，加快车辆通行速度，避免社区入口出现车辆排队现象。

临停车扫码缴费：智能停车管理系统可以实现临停车辆移动扫码缴费功能，使停车缴费智能化、便利化。车主通过扫描临停收费二维码，输入车牌号码完成缴费（支持微信和支付宝缴费），有效缩短车主在社区出口花费的时间，无须专岗专人收费，节约人力成本，有效防止现金收费中存在的"跑冒滴漏"现象。

人工访客登记：若访客车辆没有使用访客二维码，门口安保人员可以通过管理端App管理访客车辆进出。

智能硬件：社区须安装车行道闸系统，加装设备（如车牌识别相机、管理系统等），待设备安装完成，只需将停车管理系统与智慧管理平台进行数据对接即可。

(2)智慧人行。

人员出入管理主要从社区安全角度考虑，结合智能化设备，运用科技手段管理社区出入的人员，包括业主和访客。

业主进出管理：通过智能化设备系统与未来社区平台集成，实现业主快速进出社区的功能，业主除了使用门禁卡以外，还可以使用人脸识别、用户端蓝牙开门、业主二维码功能，打开社区人行道闸，有效解决社区业主忘记带门禁卡的烦恼，提高通行效率，提升用户出行体验。

预约访客进出管理：访客进出有两种模式，一种是通过生成访客二维码，实现预约访客通行。社区业主通过用户端访客通行功能，生成访客通行证（二维码）发送给访客，访客使用通行证（二维码）在指定的时间内可开启指定的人行道闸，且一个访客通行证在指定的门禁系统中使用规定次数/时间后失效，这可以免去门岗工作人员的询问和登记工作。同时，当访客使用二维码通过大门门禁时，智慧管理平台实时推送访客进入社区的消息至邀约业主的手机用户端中，以便邀约业主做好准备工作。另一种方法是由安保人员使用管理端 App 扫描访客二维码，完成访客进入登记工作。访客出门时，安保人员同样扫描二维码，完成访客出门登记工作。

7. 未来低碳

(1)垃圾分类。

对接智慧云环卫平台，结合智能垃圾桶，为居民提供垃圾分类、积分积累及积分兑换等服务。

垃圾分类作为国家重点提倡的环境保护工作，对于环境保护和资源的回收利用有着不可或缺的重要意义。社区作为生活垃圾的重要来源之一，已经成为垃圾回收利用的重要环节，但是在目前的社区治理场景下，垃圾分类的实行和管理却常常无法落实。

通过线上化的垃圾分类记录，可以记录每家每户每日垃圾分类的完成情况，通过红黑榜，对于分类良好的业主进行奖励，对于分类不够完善的业主进行督促，可以促进实现垃圾分类的目标。

物管端和业主端支持查看项目下垃圾分类整体完成情况，对于不同维度的完成情况进行分类查看，比如日数据、月数据、年数据。对于不同业主的完成情况进行红黑榜的排名，以便于更好地完成垃圾分类工作。

（2）能耗分析。

能耗分析通过物联网技术的加持，针对社区能源使用情况进行智能监测，部署物联网智慧用电监测终端、智慧用水装置等，支持多种方式实时采集社区能源使用数据，实现社区能源自动化抄表，抄表数据实时上传未来社区平台，形成社区用能数据沉淀，为下一步开展社区能耗管理分析奠定数据基础。

8. 未来服务

（1）业户档案。

对整个项目的业户进行管理，包括房号管理、用户管理、用户审核、举报管理等。

房号管理：涉及未来社区住房信息的整体管理，如楼宇管理、房号审核管理、库房管理、车位管理等，提升管理的细致性和管理的质量，并根据数据及时更新。

用户管理：对社区的注册人员进行登记管理，保证信息的有效性，通过姓名、手机号等信息与房号进行绑定，便于开展其他业务的拓展延伸。

当居民或物业人员发现社区内存在问题时，可以通过用户端迅速反馈给物业，方便物业处理。报修报事类型可选择居家维修、维修、保洁、绿化、安保中的一项。

（2）投诉建议。

居民可对小区内不文明行为、公共事务、物业服务质量和效率等进行投诉、建议和表扬。根据注册时的姓名、联系方式和地址默认显示用户的信息，投诉表扬除了可以留下文字，还可以拍照或上传本地图片，让用户的需求或者声音第一时间通达物业。

（3）物业缴费。

物业工作人员通过配置账单生成规则或自主上传添加相应的账单信息。

住户根据自己所在的房号，查看相应的账单，可通过线上/线下完成缴费；物业工作人员可以对账款进行复核、核销等管理，同时还支持在线打印催缴单、收款收据等；可多维度统计分析账单数据信息。

在项目、房号等信息完备基础上，平台对财务管理所需的法定单位、支付渠道及收款账号等信息进行初始化配置，然后再由社区财务人员操作财务管理业务。

（4）巡更巡检。

定时对社区进行巡查是保证社区安全的关键，随着技术的升级，舍弃传统的巡更方式，由安保人员使用管理端 App，利用蓝牙或二维码进行巡更巡检操作。巡更管理由物业管理人员在后台统一设置巡更点、巡更内容、巡更巡检计划。安保人员根据计划，按时开展巡更巡检工作，提交巡更巡检结果。

线上巡更、巡检管理可方便物业了解小区日常巡更巡检情况，巡更记录也是治安问题发生时重要的风险责任规避手段。

（5）维保管理。

根据社区设备的实际情况，维保管理的主要工作是制定设备年度保养项目和保养计划并予以实施。原则上，维保管理以"预防为主"和"维护与计划检修相结合"，通过定运行工时进行保养，进而做到正确使用、精心维护，使设备处于良好运行状态，保障设备的长周期、安全、稳定运转。维保一般分为日常保养、月度保养、年度保养。维保过程应在管理端 App 上用图片、文字的形式予以记录，如出现异常情况，须按工单进行业务流转处理。

管理端 App 在"待办任务"中查看待完成维保、超时待完成维保，在"计划任务"中查看待完成维保，并支持分配任务执行人。在执行维保任务过程中，如发现异常情况，可一键新增异常报事，按工单业务流转处理。

9. 未来治理

（1）智慧党建。

以党建引领为核心，以网格化管理为主要思路，完善党组织管理（党组织信息、分类和定级等）和党员管理（党员信息、认岗和联户等），提升党建工作效率和质量，规范组织日常管理，实现党干管理同步，为社区党建工作打造一个先进的技术平台和高效的工作平台。

（2）商铺码。

对接商铺码，提供社区店铺基础信息管理、店铺巡检、评价打分、店铺整改等功能。助力社区商户联盟的打造，更好地维护社区的商业环境。

（3）邻里治。

对接邻里治平台，通过邻里实验室、AI数字社工、数字沙盘、云端邻里等功能模块，打造多种场景应用，形成"街道管理端""社区治理端""居民服务端"三端数据流转、互联互通，构建"街道管得牢、社区做得好、群众看得见"的和谐高效服务闭环。帮助社区优化工作模式，提升工作效能，留痕工作信息，推动街道社区数字化建设。

（4）业委会。

未来社区平台将业委会成员、电话进行发布公示，业主可通过用户端在线向业委会咨询信息，业委会人员可在线进行答复。

第 5 章

建筑业数字化转型的未来与挑战

建筑业数字化转型是一项复杂的系统性工程，并非简单的数字化技术应用和线上看板的展现，而是涉及企业经营战略、组织形态、生产方式、商业模式等方面的全方位的重构和升级。

　　数字化转型道路上困难与机遇并存，决策者应整合内外部资源，提升企业整体的数字化能力，洞察经营管理过程中的不确定性，应对市场、技术等的实时变化，加速数字驱动下的高效、敏捷、智能的转型过程。稳步推进企业数字化转型，既要加强总体战略引领，又要激发企业创新活力。

5.1 数字化时代的内涵与未来

5.1.1 数字化时代的内涵

数字化时代已经到来，并且是大势所趋，把握数字化的内涵，就是把握未来的方向。

那么，数字化的内涵到底是什么？

数字化的内涵，可从数字经济角度理解：一方面从横向角度界定到底什么是数字经济；另一方面从纵向角度，即从人类经济发展史的视角剖析数字经济与以往的农业经济、工业经济相比，有哪些不同点。

关于什么是数字经济，G20 杭州峰会发布的《二十国集团数字经济发展与合作倡议》（2016）给出了一个权威的定义，其中指出："数字经济是指以使用数字化的知识和信息作为关键生产要素、以现代信息网络作为重要载体、以信息通信技术的有效使用作为效率提升和经济结构优化的重要推动力的一系列经济活动。"

与传统的农业经济、工业经济相比，数字经济的真正内涵体现在以下四个方面：

1. 算力

算力主要包括运算速度和存储量。这是数字经济区别于农业经济和工业经济的最为直观的表征。早在 20 世纪 60 年代，英特尔创始人之一的戈登·摩尔就提出了著名的摩尔定律：当价格不变时，集成电路上可容纳的元器件的数目,约每隔 18~24 个月便会增加一倍,性能也将提升一倍。换言之,每 1 美元所能买到的电脑性能,将每隔 18~24 个月翻一倍以上。

近几年来,随着现代信息化技术的发展,尤其是移动互联网、大数据、算法、云计算等技术的发展,进一步提升了算力,推动人类经济加快向数字化转型。摩尔定律反映出数字经济算力的提升有效地提高了经济的运行效率,但应该注意的是,算力作为一种经济手段,并不能脱离具体的实体经济。有效利用数字化技术,向数字化转型是未来大势所趋,但应推动实体经济与数字化的深度融合。

2. 信力

信力主要指数字经济的安全问题。农业经济和工业经济时代也存在经济安全问题,但人类对技术依赖性不强,经济安全的问题影响范围有限。然而,随着数字经济的高级阶段人工智能时代的来临,经济对技术的依赖性越来越强,经济安全也越来越受到重视。

一旦数字经济出现安全问题,那么对人类文明的冲击有可能是致命的。人类在过度依赖技术发展的同时,也会给自身安全造成极大的风险。应该谨防技术在发展过程中淘汰人类,成为人类"最后的发明"。比如,埃隆·马斯克就多次发出警告,要关注人工智能发展带来的安全问题,警惕人工智能危害人类文明,甚至毁灭人类文明。

3. 想象力

数字化时代会创造出一个全新的虚拟空间,这是数字化时代保证人类发展的核心力量。在数字化时代,人不仅生活在物理空间,也生活在数字虚拟空间,随着数字经济朝深度和广度发展,虚拟空间将有可能成为人类生活的主要空间。人们在虚拟空间中将重塑作为人类的生物感知,人的想象力将会得到最大程度的释放,人类的创造力也将因此增强。

在物理空间中,人的幻想与希望、享受与痛苦总不免要与人发生不同程度的交流,能否找到认同还依赖于交流的对象;在虚拟空间中人的活动更多地是与自己的对话，这更加有利于人认识自己、获得认同。

人在真实世界中通过劳动创造财富和繁衍后代，而在数字空间中则通过数据与算力创造财富。因此，在推动实体经济传统产业向数字化转型的过程中，如何通过模式创新、业态创新等手段，有效激发人在虚拟空间中的想象力显得尤为关键。

4. 管理力

数字经济时代的算力、信力和想象力能否得到有效发挥，以服务于高质量的经济增长和人类高品质的生活，还得依赖于管理力。需要注意的是，这里的管理力与平常所谓的管理能力不同，数字时代的管理力指的是算力、信力和想象力三个要素的系统应用，会影响到数字世界价值的存储、输入、输出以及各种运算，这将是未来数字世界的核心竞争力，甚至是虚拟的"国界线"。

管理力的重要体现是如何能够有效地链接物理空间和虚拟空间，如何让个人既能够认知世界又能够找到广泛的认同，并创造和实现价值；而不会导致技术发展只是给大多数技术精英带来利益，却让绝大多数普通人成为"无用阶级"。

5.1.2 数字化时代的人类巨变

数字化影响的不仅仅是某个行业、某个产业，而是整个人类文明。未来，随着社会全面迈向数字化时代，整个人类社会都将发生巨大的转变，这将对我们的经济和生活产生深远的影响。

1. 数字化时代的国家竞争

从人类几千年的历史来看，大国之间的竞争都是围绕争夺物理空间与资源而展开的角逐。新开辟的物理空间会引起新一轮的大国争霸，由此会改变全球地缘政治格局和大国之间的地位。数字时代创造出虚拟空间，拓展了人类社会的空间层面。围绕大国之间的竞争，将会从对物理空间的争夺转移到对数字空间的争夺。物理空间是有限的，数字空间是无限的。数字空间层面的拓展犹如当年发现新大陆，由此改变了全球力量的对比。数字空间的争夺必将引起各方力量的改变，重塑当前世界的政治经济格局，对各国来说都是风险与机遇并存。

2. 数字化时代的治理

推动数字经济快速发展，应加强数字化时代的治理，推动数字经济迈向更高质量的发展；应秉持创新、公平和公正的原则，推动形成多元化主体协同治理机制，形成政府统筹、平台自治、第三方协调、公众参与的多方共治新格局；应推动政府治理模式的变革，建设服务型政府，改革体制机制，创新制度供给，完善数字基础设施，推动数字经济技术的创新，加强对数字平台的治理；应推动数字化技术在治理中的应用，提升政府治理水平，推动政府治理现代化，实现数字经济时代治理的社会化、法治化、智能化、专业化。

3. 数字化时代的伦理

当前数字经济已进入人工智能时代，虽然人工智能的应用前景广阔，极大地改善了人类的福祉，但虚拟空间的出现模糊了物理现实、数字和个人之间的界限，由此带来了较为严重的伦理问题，引起了社会各界的广泛关注。

国际上对人工智能的伦理问题展开了积极探索。我国在人工智能伦理的原则和规制方面相对比较滞后，主要关注人工智能带来的经济效益和社会效益。只有有效解决人工智能发展带来的伦理问题，才能规避发展人工智能的风险，推动经济和社会发展，提升人类的生活水平。

解决人工智能伦理问题，应从设计上确保人工智能本质上是公正、公平、透明和负责任的，避免算法歧视与偏见；应融入人类的价值观，建立道德的人工智能，以避免人工智能损害人类利益，挑战人类文明；应切实地与公众加强沟通，告知人工智能的主要风险及其带来的好处；应建立有效衡量人工智能等自主系统的福祉指标，衡量其对人类福祉带来的具体影响，不仅关注经济效益，还应关注其给人类身心健康和环境方面带来的综合影响；政府应对人工智能技术和相关企业进行监管，确保人工智能技术的安全使用。

5.2 建筑业数字化转型的挑战与展望

随着基础条件的改变,人类对好建筑的追求从未停止,而且期望值越来越高。以前房子在房产局存的都是图纸,以后可以在数字化、大数据的应用中直接查看所有建筑的数据模型,包括水、电、气、暖都有数据模型可以保存。

未来的建筑一定是更适合人类生活方式的绿色、低碳、人性化的建筑。同时,对大数据技术、虚拟现实技术的广泛应用可能还会实现足不出户就能见到大海并闻到大海的味道。

可以说,人类对好房子的需求是无限的,而大数据技术对未来建筑的支持是必然的,这也将带来无限可能。

一个企业向数字化转型,为什么要转?转成什么样?怎么转?所有的企业数字化转型都面临以下三大挑战,建筑行业也不例外。

5.2.1 建筑业数字化转型的三大挑战

数字化是社会发展趋势,是国家战略,数字化代表先进生产力。当下企业进行数字化转型面临三大挑战:战略定位、方案选择和实施路径。

1. 战略定位

有多少企业真的明确了战略定位呢?

实际上,数字化和工业革命一样,本质上只是一种技术,技术是为经济服务的。如何用技术为经济服务,怎么用,用到什么程度,这都与企业的战略定位有关。

数字化转型的关键不是技术，而是战略。战略分为谋划和实施两个阶段。战略谋划需要从初心和能力出发，从时代的发展趋势来考虑。简单地说，初心是我愿意做，能力是我可以做，趋势是我必须做。时代的发展趋势将这三者统一在同一个逻辑框架内。除了谋划，战略还包括实施环节，这是对组织、运营和业务的整合性思考。不清楚战略定位，可能最后付出了时间、人力、物力，却得不到想要的收获。

数字化战略定位，有五种最常见的方向，可以作为参考。

（1）数字化为核心业务和战略服务。

这种战略定位就是保持以往的业务和核心战略方向不变，把数字化作为一种技术手段和先进生产力，用它来为现有的业务保驾护航。

比如企业现有的战略定位是"打造最好的绿色社区"，进行数字化转型的目的是用数字化为现有业务和战略服务，那么在进行数字化转型时，就会保持现有的业务不变，只是采用数字化技术提高效率、降低成本，采用数字化管理提升管理水平等。

华为获得巨大成功后，也有不少学者认为华为的成功是基于数字化转型，实际上这种理解是不对的。华为于2016年提出数字化转型模式，并提出了两个目标，其中一个就是"实现对内多打粮食，提升土地肥力"，这个目标的本质就是用数字化改善内部流程，更好地服务于企业业务。可以说，数字化只是华为取得成功的手段，真正起决定作用的是他们坚定不移地实施通信技术研究战略和全球化市场战略。今年孟晚舟在演讲时还特别提到"战略驱动是根本"。

数字化并不能包治百病，但它可以成为企业的助力，为企业的发展插上翅膀。前提是企业必须明白自己的业务和战略，进而思考如何将数字化和企业战略相融合，让数字化真正为业务和战略赋能。

（2）让数字化成为企业的优势竞争力。

数字化是一种先进生产力，率先实现数字化转型的企业很可能获得竞争优势。譬如近几年绿城的智慧社区就为它赢得了不错的声誉。

有些企业在原有赛道上加强数字化，发挥数字化的技术优势，做到了"人无我有"；还有些企业将数字化与原来的传统业务相结合，增强了传统业务的竞争力；有些企业甚至运用数字化开拓出了新的产品和市场，这些都是数字化提高企业竞争力的体现。这其中，有些企业发展乏力，陷入发展瓶颈。在实施数字化转型时，企业就应以"提升企业竞争力"为战略考虑。

"人无我有"的一个最简单的案例是，有些企业还是传统施工和运维，而有些企业却采用了数字化的方式进行施工和运维，这就是"人无我有"，从而形成优势。

与原有业务相结合，如盒马鲜生作为"新零售网红"，以数字化手段构建了全新的线上线下一体化新电商体系。通过生鲜建立信任和体验，以App买单方式突破坪效极限，"30分钟送达"的承诺解决便利刚需。盒马鲜生依靠全数字化的交互方式和管理手段，重新定义了便利商超的业务模式。

用数字化开拓第二曲线，如华为在进行数字化转型时，他们还提出了一个目标，就是同时为其他企业的数字化转型服务，并利用这个契机大力发展华为云。

总之，用数字化去进行差异化竞争，提升企业的竞争力，这也是很多企业所期望的。但同样，数字化本身并不能"包治百病"，要想通过数字化让企业具备差异化竞争的优势，无论在战略规划还是施行方面，企业都必须予以重视。

（3）数字化是对当前信息系统的一种升级。

有些企业原本就有很完善的信息化系统，数字化转型只是对过去信息系统的一种升级。

比如，企业以前的流程就是信息化的，已经有相关的平台和流程制度，只是通过数字化采用更先进的系统,对原有系统进行升级。

(4)局部数字化。

有些企业进行数字化转型时,并不想全部数字化,只希望通过局部的数字化来提升效率。

这种情况在建筑行业也很常见,比如,有些企业其他业务层面还是采用传统方式,只是在施工层面采取了一些数字化的方式,以此来提升效率、降低风险。

(5)以数字化为契机,实现企业的全面转型升级。

有些企业原有业务包括管理本身就存在很多问题,有转型和改革的需要,于是以"数字化转型"为契机,带动企业的全面转型升级,对原有的业务模式、管理方式、流程等进行了全面的改革和调整。

这种转型是比较彻底的数字化转型,难度较大,需要从战略到执行层面上下一心才有机会成功实现转型。大多数企业的数字化转型最终可能都要经历这一步。

基于以上五个常见的转型目的,企业在进行数字化转型的战略思考时,首先要考虑转型的深度和广度。

数字化转型的深度。这需要对竞争环境进行深刻的研判,具体来说包括以下几个方面:

- 自己所从事的行业正在发生哪些变化?
- 转型存在哪些动荡和不确定因素?
- 转型是否具有可塑性和可预测性?
- "跨界打劫者""互联网数字巨头""潜在的技术创新创业者""未来的产业生态整合者"是否正在挑战行业规则?

基于对这些问题的思考,可以确定转型的幅度:一个是转型幅度比较小的增强式战略,其战略和商业模式并没有发生变化,只是通过数字化技术,增强既有战略,达到成本更低、效率更高、收益更丰厚的目的。另一个是转型幅度比较大的重塑式战略,即通过数字化技术重构企业的战略和商业模式。

数字化转型的广度。这需要企业确定在哪些层面进行转型:一种方式是重点突破,即根据战略需要找到一些关键场景,优先进行数字化升级。另一种方式是全面推进,即对企业的各项管理工作全面梳理,进行系统性的数字化再造。这需要先考虑企业的数字化能力、盈利水平等因素,进而确定转型的广度。

总之,企业真正的数字化转型不是技术的转型,也不是组织的转型,而是整个价值链的转型。只有把数字化技术和企业的价值链生态有机结合,企业才能获得预想的竞争优势。企业最终还是要通过产品服务、商业模式和生态治理的差异化来实现生态价值的差异化,最终实现可持续成长。数字化转型也应该以获得这样的竞争优势为目标。

2. 方案选择

不同的企业有不同的特点,需要选择不同的转型方案,这将决定企业转型的成败。A 企业成功的方案,在 B 企业却不一定能行得通,因此不同的企业必须结合自身的实际情况选择不同的方案。

通常的数字化转型方案包括四种类型——精益式转型、增强式转型、创新式转型和跃迁式转型。

(1)精益式转型。

采取精益式转型策略的企业,其所处行业相对稳定,短时间内不需要重新设计战略和商业模式。企业基于战略需要,从产品、服务、生产方式、管理方式和商业模式层面,找到重要和急需的场景进行数字化变革,从而强有力地推动战略目标的实现,强化企业的战略优势。这是目前数字化转型中企业广泛采取的一种策略。

（2）增强式转型。

与精益式转型类似，增强式转型也不存在战略与商业模式层面上的变革，不同的是，增强式转型对企业全场景采取齐头并进式的数字化升级。这种转型通常是由中层骨干与数字化专家推动完成的，变革更加系统化，如果推动得力，往往可以更加快速地彰显数字化的巨大价值。不少企业倾向于采取这种转型策略，期待变革整体性地、快速地完成。这自然是好的，但是需要企业对自身特点有深刻的理解。

（3）创新式转型。

与前两种转型策略不同的是，在创新式转型中，战略与商业模式层面发生了本质的变化。采取这种转型策略的企业，一般其竞争领域已经或者即将发生巨大变化，原有的竞争优势正在被摧毁，如果不快速进行战略变革，企业很可能失去现有的市场地位，甚至被淘汰出局。

（4）跃迁式转型。

跃迁式转型策略是最具挑战性的，这是因为跃迁式转型将使企业的商业模式、产品、服务、生产方式和管理方式同步进入变革状态。这既可能带来巨大的成功，也可能带来巨大的风险，需要企业采取更加审慎的态度对商业环境、内部环境与自身能力进行评估。

选择什么样的转型方案，考验着企业的集体智慧。

3. 实施路径

数字化转型最难的是执行这一步，大多数情况下，战略已制定，方案看上去也很完美，但在执行时却变了样，实施的时候就达不到预期的效果。

数字化是一个系统性工程，要实现销售、研发、设计、采购、生产、装配、运输每个环节都拥有自己的数字化系统及业务流程，涉及众多部门，岗位的培训、指导将是非常艰巨和困难的任务。

很多制造型企业，包括建筑行业，因为业务的扩张，往往会把精力投入到新增生产线或者项目上面。由于规模的快速扩张，企业又需要系统化的管理体系来支撑，信息化系统的采购却有可能分散业务扩张的资源。管理者通常很难在可见的即时利益和不确定的长期收益中选择后者，这也是导致企业想要数字化转型但又迟迟难以落实到执行层面的原因，尤其是企业高层容易摇摆不定，导致转型半途而废，浪费人力、物力、精力。

建筑行业数字化实施路径面临的三大挑战如下：

（1）习惯于依赖"人治"，一时难以摆脱管理惯性。

这一点在建筑行业尤其突出。如今，工程项目的复杂度以及建工企业本身多元经营导致的风险因素不断提高，传统的风险管理工具往往难以保证及时、准确、全面地掌握各类业务数据信息以及规避生产经营全流程中的各类风险。因此，风险监控与预警的准确性、项目投资的战略决策与日常业务流程的管理效率都有待提高。

（2）业务管理流程割裂，协同能力难加强。

近年来，建筑工程企业正在加速业务发展与布局，但往往面临区域业务难协同、产业布局少协同的困境。

在业务流程方面，建筑工程企业的业态多元化也导致了管理活动越发复杂，横向跨板块业务间、业务与管理活动间流程存在断点，以及大量的线下手工流程使业务效率难以提升。系统平台的建设也多为解决某一特定业务单独而建，平台建设呈现局部信息化，久而久之导致"系统孤岛""烟囱林立"等现象出现，难以有效体现数字化对于企业发展的赋能与支撑。

而业务割裂难以协同、平台建设难以有效承载业务需求的主要原因是底层数据治理不力和数据平台的缺失。数据作为企业数字化建设的核心生产资料，面临数据"难取""难管""难用"等一系列问题，数据信息在流转和利用上存在"数据孤岛"、价值流失等问题，因此也未能有效串联起各业务环节、发挥数据的价值和效益。

（3）能力缺乏沉淀共享，商业模式难突破。

当前，建筑工程行业"单一买卖关系"传统商业模式的发展空间正在逐步缩小，亟须通过数字化驱动"商业模式升级"。一方面，当前建筑工程企业普遍缺乏企业级知识管理平台，未能有效地将积累在个人手上的资源与知识充分整合、沉淀成为体系化、结构化的企业级共享复用能力。另一方面，建筑工程企业缺乏有效的资源管理平台，难以有效整合供应链、产业链上下游的资源，无法发挥产业链的协同价值。因此导致企业的商业模式缺少有效的知识与资源信息支撑，难以突破与体系化复制。

基于以上三大挑战，我们提出数字化转型实施和执行层面的几条建议：

首先，选择对自身行业有深度认知的服务商。在前期无法做出判断的情况下，可以多选择几家，从多方面对比判断，比如服务商的规模、技术实力、产品的成熟度等。服务商选择是一方面，但要特别注意每一个数字化项目实施成功的关键不是服务商，而是服务商的项目经理或售前顾问，他们的水平直接决定了这个项目的成败。那么如何判断合不合适？很简单，前期通过不断地现场当面沟通，看项目经理或售前顾问是否具有丰富的行业经验，是否能够把企业的业务流程和系统进行结合；同时再看他们以往的项目经历，结合沟通能力、工作态度等，作为企业管理层基本上就能够判断这个项目经理或售前顾问是否可靠。

其次，决策层要统一思想，坚定决心。作为企业的决策层，首先要意识到，企业要实现稳定发展与扩张，要能够在激烈的市场竞争中保持优势，甚至要满足下游客户精益生产与追溯要求，数字化系统已经不是该不该做的问题，而是应该怎么去做的问题。

系统并不能解决企业的管理问题，系统的作用在于辅助企业管理者制定管理规范、完善管理流程，从而实现整个生产效率和产品质量的提升，让管理者有更多的时间和精力去创新产品、开拓市场，而不是每天把时间消耗在企业的内部流程上，形成内耗。这也是国家大力推进企业数字化转型的根本原因之一。

最后，数字化转型不等于"上系统"，领导要牵头。企业推行数字化系统,一定不是简单地更新软件系统就万事大吉,系统说到底只是工具,系统背后解决问题的业务逻辑才是关键。更新系统是对企业整个管理模式的一个重大创新,会影响很多人的工作习惯和利益,如果一把手不重视,不亲自推进,不制定一些鼓励或激励的措施,那么,系统推行成功的概率也会大大降低。

数字化转型涉及的部门多、岗位多、流程长,上至管理下至一线员工,肯定会带来不小的影响,所以,数字化改造一定是"一把手工程"。

5.2.2 建筑业数字化转型的展望

如今,全球处于百年未有之大变局,数字化转型已经成为企业生存和繁荣的必要条件。然而,许多企业正在这一领域面临挑战,其中一个挑战就是缺乏拥有适当数字化技能的人才,而这正是数字化人才培养业务的价值所在。实际上,很多企业在数字化人才的培养上做得远远不够,因为企业数字化转型需要复合型人才。

数字化如果只是技术,只是我们流程的数据呈现或者数据管理,可能就只是企业的数字化部门在投入,推动业务部门往前走。实则在数字化转型中,数字化只是工具和流程,而其中的转型是指转变企业中人的思维和工作方式以驱动新型组织形态形成。

建筑本身的发展提升是无止境的,因为它背后是人们对美好生活的无限向往。人人都需要绿色、健康、个性化的好房子,而要满足这些需求,整个建筑产业全过程必须转型升级,向数字化、工业化、绿色化发展。而工业化和绿色化也是当前建筑业面临的重大挑战。

随着数字化技术、新能源、新材料的发展,建筑行业的未来可以预见地会发生以下八大重要转变:

(1)自动化程度越来越高。

建筑行业的老龄化问题日趋严重,用工难、用工成本增高等问题越来越突出。智能建造将对建筑建造的各个环节进行优化设置，提高施工自动化程度。比如，大量采用智能机器人，使用遥控车辆轻松收集信息或在工地周围运输工具和材料，把无人机用作测量工具。

（2）装配式建筑和模块化。

预制已经彻底改变了行业，使项目能够比以往更快地完成。工厂制造、现场安装的装配式建筑将得到越来越广泛的应用。模块化设计可以减少施工时间、降低成本，并提供更灵活多变的空间布局。

（3）智能建筑和智能家居。

根据国家减碳目标，未来的建筑将注重节能。智能化建筑可自动调节、自动断电，无论是在使用的舒适度、安全度还是在节能方面，都有巨大的优势，必将从现在的小众变成未来的主流。智能化建筑可以通过自动控制系统优化能源利用，如智能家居系统可以自动调节温度、光照和电气设备。

（4）新型材料的使用。

能源效率已经成为一个越来越重要的问题，未来的建筑将更加注重能源利用率和节能环保，新型建筑材料将得到广泛应用。比如，采用高效隔热材料、太阳能发电系统、雨水收集系统等技术可以促进节能环保；可回收材料、生物基材料和3D打印等技术因其节能环保的特质在建筑行业中的应用将逐渐增多。"智能"材料，如碳纤维复合材料、高级陶瓷和木结构与工程木产品，提供了更高的强度和耐用性，同时降低了使用传统施工方法产生的相关成本。

（5）绿色化建筑。

未来，绿色化是建筑的主流，将为建筑提供更好的室内空气质量、光照条件和声环境。建筑不再只考虑建筑物本身，还会注重跟周边自然环境的和谐，通过增加绿化、利用景观湖泊和自然光线，打造更舒适的社区。

（6）遵循智慧城市的理念。

未来，智慧城市的建设将如火如荼，建筑业将适应这一转变。比如，城市建设时考虑绿色交通，鼓励步行和骑自行车的设计，建设更多的自行车道和人行道。未来的建筑将与城市基础设施、公共服务和交通系统等相互连接，实现信息共享和资源优化利用。

（7）以虚映实。

增强现实（AR）已经在建筑行业中得到应用。增强现实为工程师和承包商提供了一种快速高效地创建、可视化和规划项目的新方法。

借助增强现实，设计团队可以在施工前虚拟浏览项目现场，或者在计算机屏幕上规划、控制整个项目。这些 3D 模型可以更好地使建筑成品可视化。

（8）跨界合作和创新。

跨界早就不是一个陌生的词汇，在其他行业，跨界现象已经屡见不鲜，未来，建筑行业的跨界合作也会越来越多。比如，跨界到艺术行业，在设计过程中融入艺术创意和社会文化因素，提供更具个性化和人文气息的建筑方案，满足人们的新需求。

这些趋势其实已经出现，并且得到了初步利用，我们用一些案例来说明。

案例一：巴西里约热内卢的太阳城塔

这座 2016 年完工的建筑的主要理念是将可再生能源与建筑美学相结合，打造可持续建筑。

太阳城塔如今已成为一个著名的景点，因为它太神奇了，看上去就像一个悬挂在空中的瀑布。它将海水抽取到顶部的水箱中，并在太阳能电池板的作用下将水加热。通过一系列精密的喷头和管道系统，将加热后的海水以巨大的水柱形式释放出来，形成瀑布，高度达到了惊人的 105 米，超过了很多知名的天然瀑布。

案例二：富尔顿市场 800 号

这栋位于芝加哥的办公大楼被认为是"最智能"的建筑，它使用了大量的数字化运营维护技术，特别是数字化监控技术，可通过智能监控手段，让更新鲜的空气在整幢大楼中流通。大楼还设有供租户使用的电子设备充电站和电瓶车，还有专门的租户手机应用程序用来访问门禁系统，员工可以使用手机预约大厦中的各种服务。另外，建设方还为物业团队提供了基于云服务的机器学习技术和问题最佳解决方案。

案例三：柏林立方

这座位于德国柏林市华盛顿广场的办公楼，被认为是欧洲智能化办公的典范。建筑的运行信息被存储在一个大型的"数字大脑"服务器中，该服务器连接了柏林立方中每个单独的智能系统，能量消耗都能够得到检测。使用者通过"自携设备"（bring your own device）的方式与建筑进行交互。建筑物可以适应用户的偏好，用户也可以根据个人需求对建筑进行设置。

案例四：大兴国际机场

作为全球空港建设的标杆，北京大兴机场于2019年9月正式通航，有"新世界七大奇迹之首"的美誉。北京大兴机场的建设系国内首次采用强夯、冲碾、压实全过程数字化施工体系与监控技术，在传统机械设备上加装高精度传感器、GPS定位、雷达探测仪等终端设备，并接入数字化施工管理平台，就像给施工场地做X光扫描，将人机数量、填筑范围、平整度、压实度等各项工程数据以数字化、图像化的方式实时精准地呈现在系统监测屏幕上，可对施工过程中存在的问题予以标注，便于施工人员及时解决，保障了复杂地基的处理质量。

总之，数字化是工业化的基础，也是新型工业化的时代特征，可以让建筑行业的工业化快速发展。同时，数字化是工具，能够帮助建筑业的绿色化发展形成快速迭代。借助数字化，我们可以在设计阶段就知道应该选择使用什么样的好材料，也可以在运营维护时知道用什么样的设备与耗能可以更好地减碳。所以说，在建筑业转型升级的过程中，数字化起着至关重要的作用。

参考文献

[1] 龚剑，朱毅敏.上海中心大厦数字建造技术应用[M].北京：中国建筑工业出版社，2019.

[2] 袁正刚，杨懿梅.系统性数字化——建筑企业数字化转型的破局之道[M].北京：机械工业出版社，2023.

[3] 鲁贵卿.工程建设企业管理数字化[M].北京：中国建筑工业出版社，2022.

[4] 袁正刚，尤完，郭中华.数字建筑理论与实践[M].北京：中国建筑工业出版社，2023.

[5] 于施洋，王建冬，郭鑫.数字中国：重塑新时代全球竞争力[M].北京：社会科学文献出版社，2020.

[6] 用友网络科技股份有限公司.企业数字化：目标、路径与实践[M].北京：中信出版社，2018.

[7] 马晓东.数字化转型方法论[M].北京：机械工业出版社，2020.

[8] 中国数字建筑峰会组委会.数字化的力量[M].北京：中国建材工业出版社，2023.

[9] 中国电子信息产业发展研究院.协同共生：企业数字化转型之道[M].北京：电子工业出版社，2021.

[10] 陈春花.协同：数字化时代组织效率的本质[M].北京：机械工业出版社，2022.

[11] 陈根. 数字孪生[M]. 北京：电子工业出版社，2020.

[12] 王建伟. 数字领航，换道超车：数字化转型实践探索[M]. 北京：人民邮电出版社，2019.

[13] 杨国安. 数智革新：中国企业的转型升级[M]. 北京：中信出版社，2021.

[14] 中国电子信息产业发展研究院. 2013—2019年中国工业互联网发展蓝皮书[M]. 北京：电子工业出版社，2019.

[15] 张建锋. 数字中国2.0[M]. 北京：中信出版社，2018.

[16] 清华大学互联网产业研究院. 中国建筑产业数字化转型发展研究报告[M]. 北京：中国建筑工业出版社，2022.

[17] 丁烈云. 数字建造导论[M]. 北京：中国建筑工业出版社，2019.

[18] 金江军. 信息化与工业化深度融合[M]. 北京：中国人民大学出版社，2012.

[19] 物联网智库. 物联网：未来已来[M]. 北京：机械工业出版社，2016.

读书笔记

读书笔记